HECHO PARA REINAR

*Como usar (y no perder) tu
autoridad real*

Loren VanGalder

Spiritual Father Publications

Contenidos

PRIMERA PARTE

Imagina la emoción de Dios cuando creó a Adán a su imagen, y con mucha expectativa declaró: *"Reinará sobre los peces del mar, las aves del cielo, los animales domésticos, todos los animales salvajes de la tierra y los animales pequeños que corren por el suelo"* (Génesis 1:26). Dios le dio una hermosa mujer, un jardín paradisíaco y la autoridad de un rey. Y tú, como Adán, fuiste creado a la imagen del Rey del universo y dotado de un potencial ilimitado como su hijo adoptivo. Dios te diseñó para ser la cabeza, con autoridad en tu hogar y comunidad. Fuiste creado para reinar, pero casi siempre hay algunas duras lecciones en el camino hacia el trono.

El peregrinaje de un hombre pasa por varias etapas bastante obvias, parecidas a las horas de un día. Comenzamos por la mañana, en un tiempo de preparación y formación, donde aprendemos a escuchar la voz de Dios y responder a su llamado. El joven tiene mucha visión y energía, pero todavía está aprendiendo lo que significa ser un hombre.

La mañana de tu vida como hombre

Si eres un joven, todavía en la mañana de tu vida, es normal luchar con la inseguridad. Lo quieres todo ahora mismo, pero no hay prisa. Estás poniendo el fundamento para el resto de tu vida. ¿Me permitirás caminar contigo y animarte? No quiero verte repetir los errores de otros y perder la plenitud de lo que Dios tiene para ti. Habrá nuevas responsabilidades en esta etapa que pueden parecer abrumadoras. Hay tanto que hacer que es fácil olvidarte de las cosas más importantes: Dios y tu familia. En esta etapa, es importante:

- Desarrollar disciplinas espirituales para crecer en la gracia del Señor.
- Comer bien y hacer ejercicio.
- Aprender a amar a una mujer (tu esposa o tu futura esposa).

He visto a muchos hombres jóvenes con esposas hermosas, pero ellos están ciegos a este tesoro y regalo de Dios. Están demasiado involucrados en su carrera y sus diversiones, y piensan en sí mismos. También pueden estar ciegos a las señales de advertencia en su matrimonio y vida personal. Aprende a identificarlas, presta atención a ellas y haz algo al respecto, o harán que tu vida sea miserable. Sobre todo, disfruta de Dios y de todo lo que Él te ha dado. Aunque no lo creas, esta es una mañana gloriosa, con todas las posibilidades de un nuevo día. ¡Es el momento en que empiezas a reinar!

El hombre mayor

Si ya ha pasado la mañana y tienes más experiencia en esta vida, estos jóvenes tienen una gran necesidad de hombres mayores que los guíen y caminen con ellos. Debes incluir a tu padre, pero a menudo ese padre no está muy presente en sus vidas. Este estudio de Saúl puede mostrarte y ayudarte a comprender qué salió bien o mal en tu vida. Aprenderás sabiamente a utilizar tu autoridad real ahora y a ayudar a otros a evitar tus errores.

Capítulo 1

Israel pide un rey
1 Samuel 8:1-20

Nuestro Dios todopoderoso tiene un problema: nos hizo para reinar, pero le cuesta hallar hombres que fielmente ejerzan esa autoridad real. Adán ciertamente no lo hizo, y todavía estamos sufriendo debido a su fracaso. Pasaron muchos años y finalmente aparecieron algunos hombres de valor. Por ejemplo, Moisés liberó a Israel de la esclavitud en Egipto y Josué los guió en la conquista de la tierra prometida. Pero cuando Josué murió, la nación cayó en el caos. El último versículo de Jueces dice: "En estos días no había rey en Israel; cada uno hacía lo que le parecía bien." Pero no es cierto que no hubiera rey; tenían a un rey. Israel era una teocracia, y Dios era su rey. Cuando no aceptaron su señorío ni obedecieron sus leyes, Él levantó a varios "jueces" como líderes del pueblo. Tú has oído hablar del vellón de Gedeón, la fuerza de Sansón y su traición por Dalila. No había capital ni templo. La tienda de reunión que Moisés hizo en el desierto seguía siendo el centro del culto y del gobierno.

Al comienzo de 1 Samuel, Elí, el sacerdote del tabernáculo, era el líder de la nación. Si puedes juzgar a un hombre por sus hijos, parece que Elí no fue el mejor padre; esos muchachos estaban entre los más malvados de toda la tierra. De ninguna manera Dios les permitiría gobernar el país. Pero a pesar de sus fracasos, Dios usó a Elí como mentor y padre espiritual del siguiente líder, un joven profeta llamado Samuel. El nacimiento de Samuel fue un milagro: su madre era estéril, y ella hizo un voto al Señor de que daría su hijo a Él. Samuel fue criado por Elí. Dios habló a través

3

de Samuel y le ayudó a guiar a la nación a victorias en guerras contra los filisteos. Probablemente no sea una coincidencia que Samuel, como su mentor, tuviera problemas con sus hijos. Era su único defecto.

Dios siguió buscando a un hombre para empezar una línea de reyes, pero solo su propio Hijo, de la línea de David, establecería ese reino duradero. Dios no encontró esa línea en Elí o Samuel. Finalmente, Israel dijo "basta ya" con los problemas familiares del envejecido Samuel. Querían algo nuevo.

Cuando Samuel entró en años, puso a sus hijos como gobernadores de Israel, con sede en Berseba. El hijo mayor se llamaba Joel, y el segundo, Abías. Pero ninguno de los dos siguió el ejemplo de su padre, sino que ambos se dejaron guiar por la avaricia, aceptando sobornos y pervirtiendo la justicia. (1-3)

Le tocó a Samuel tomar la iniciativa y buscar la voluntad de Dios para el futuro de la nación, pero no podía admitir que sus hijos no eran aptos para gobernar. Es fácil ignorar los problemas familiares, hasta que tu esposa se vaya, tu hija quede embarazada o tu hijo caiga preso. Sin un liderazgo piadoso, la gente sigue el rumbo del mundo. Todas las otras naciones tenían reyes, e Israel también quería su rey. El único problema era que Israel no era como las demás naciones. Tratar de ser como el mundo solo trae problemas. Samuel lo sabía y buscó el consejo de su Dios.

Cuando le dijeron que querían tener un rey, Samuel se disgustó. Entonces se puso a orar al Señor, pero el Señor le dijo: «Considera seriamente todo lo que el pueblo te diga. En realidad, no te han rechazado a ti, sino a mí, pues no quieren que yo reine sobre ellos. Te están tratando del mismo modo que me han tratado a mí desde el día en que los saqué de Egipto hasta hoy. Me han abandonado para servir a otros dioses. Así que hazles caso, pero adviérteles claramente del poder que el rey va a ejercer sobre ellos.» (6-9)

¿No sería genial tener una respuesta inmediata y verbal a tus oraciones, incluso si no fuera la respuesta que esperabas?

Rechazo

Dios no quería que los hijos de Samuel gobernaran la nación, e Israel no quería a Samuel ni a sus hijos. Samuel se siente rechazado, pero Dios lo saca rápidamente de su autocompasión: "¡No se trata de ti, Samuel!" El rechazo duele, pero realmente están rechazando a Dios, y Él está acostumbrado a ello; ha experimentado más rechazo que tú, sin motivo alguno. Dios peleó sus batallas y fielmente los guió sin una sola falla, pero Israel no quería ser guiado por Dios, ni quería que Él luchara por ellos. Querían un hombre, un rey, para guiarlos, y querían pelear sus propias batallas.

Un líder piadoso a menudo es el blanco de la ira y la desilusión de un pueblo que lucha contra Dios. Es mucho más fácil culpar a un hombre que a Dios, o admitir honestamente que están rechazando a Dios. No te sorprendas si tú experimentas el mismo rechazo y rebelión. Si tú has sido rechazado por tu iglesia o por tu esposa, trata de no tomarlo personalmente, aunque eso puede ser muy difícil. Deja que Dios se encargue de eso. Acércate a Dios en tu dolor y deja tu autoestima allí. Él entiende.

El costo de hacer las cosas a tu manera

Cuando te sientes rechazado, es fácil actuar por dolor e ira. Si te encuentras en una posición de autoridad, es posible forzar tu voluntad en otros y retener deliberadamente lo que ellos quieren. Los hombres a menudo lo hacen con sus esposas o hijos;

tal vez tu papá o un jefe lo haya hecho contigo. Quizás tú también, pero Dios no lo hace. Él no estaba contento, pero les va a permitir que tengan su rey. Puedes insistir en algo, y Dios te permite tenerlo, aunque Él tenía algo mejor para ti. Dios te da la responsabilidad y la oportunidad de fallar. Tus oraciones pueden mover la mano de Dios, incluso en una dirección que Él no prefiere ir. Es parte de nuestra preparación para reinar. Dios redimió el error de Israel y usó a los reyes para el bien de la nación, pero siempre hay consecuencias de rechazar a Dios y hacer las cosas a nuestra manera. Samuel estaba muy dispuesto a hablar con la gente sobre los problemas que un rey traería. Él probablemente esperaba que ellos vieran la luz y retiraran su petición.

Samuel comunicó entonces el mensaje del Señor a la gente que le estaba pidiendo un rey. Les explicó: —Esto es lo que hará el rey que va a ejercer el poder sobre ustedes: Les quitará a sus hijos para que se hagan cargo de los carros militares y de la caballería, y para que le abran paso al carro real. Los hará comandantes y capitanes, y los pondrá a labrar y a cosechar, y a fabricar armamentos y pertrechos. También les quitará a sus hijas para emplearlas como perfumistas, cocineras y panaderas. Se apoderará de sus mejores campos, viñedos y olivares, y se los dará a sus ministros, y a ustedes les exigirá una décima parte de sus cosechas y vendimias para entregársela a sus funcionarios y ministros. Además, les quitará sus criados y criadas, y sus mejores bueyes y asnos, de manera que trabajen para él. Les exigirá una décima parte de sus rebaños, y ustedes mismos le servirán como esclavos. Cuando llegue aquel día, clamarán por causa del rey que hayan escogido, pero el Señor no les responderá. (10-18)

Al escuchar estas palabras, ¿no reconsiderarías lo que estás pidiendo? Se espera que la gente recapacite, se arrepienta y le ruegue a Dios que sea su rey. Pero la advertencia cayó en oídos sordos. Y tú, ¿has insistido tercamente en hacer las cosas a tu manera, aun después de las advertencias de un pastor, amigo o familiar? ¿Hay alguna advertencia de que tienes que hacerle caso en este momento?

Tal vez lo más triste es que Dios no les hará caso cuando clamen por socorro. Hay ocasiones en que Dios dice que Él no responderá a la oración, al menos de la forma deseada: *"Como no me escucharon cuando los llamé, tampoco yo los escucharé cuando ellos me llamen"* —dice el Señor Todopoderoso (Zacarías 7:13). Puede ser que tengas que vivir con las respuestas a tus oraciones: tal vez Dios no te dará otro trabajo si le rogaste la promoción que está causándote tanto estrés, o tengas que permanecer con la mujer para quien le pediste con tantas súplicas. Si te parece que Dios no está respondiendo a tus oraciones, examina tu corazón. Es posible que tú estés experimentando las consecuencias de una decisión equivocada.

El pueblo, sin embargo, no le hizo caso a Samuel, sino que protestó: —¡De ninguna manera! Queremos un rey que nos gobierne. Así seremos como las otras naciones, con un rey que nos gobierne y que marche al frente de nosotros cuando vayamos a la guerra. (19 y 20)

Israel no estaba seguro de querer ser un pueblo santo, apartado para Dios. El ser humano quiere ser aceptado por los demás y no ser visto como diferente; así que muchas veces vamos corriendo tras todo lo que el mundo nos ofrece.

Samuel todavía creía que Israel cambiaría de opinión al oír las consecuencias de su petición para tener un rey, pero permanecieron firmes. Samuel tuvo una sola opción: volver a hablar con Dios. *Después de oír lo que el pueblo quería, Samuel se lo comunicó al Señor.* (v. 21) ¡Como si el Señor no los hubiera oído!

—*Hazles caso* —respondió el Señor—; *dales un rey.* Entonces Samuel les dijo a los israelitas:—¡Regresen a sus pueblos! (v. 22)

Si están decididos a tener un rey, tendrán su rey. Samuel solo puede esperar a Dios para el siguiente paso. Al menos, la gente lo obedeció y no insistió en nombrar a su propio rey en ese momento, pero no están en buen estado espiritual y tienen altas expectativas de un rey. Sería un gran desafío para el hombre que Dios escogería; incluso difícil para un varón con mucha experiencia. ¿Cómo se sentiría un chico de granja al ser nombrado rey?

Y tú, ¿es Dios verdaderamente tu rey, o estás peleando tus propias batallas? ¿Sigues buscando el éxito mundano que solo trae más problemas? ¿Has suplicado a Dios por algo, para ser como los demás? En el proceso, ¿has rechazado el plan de Dios para ti?

Capítulo 2

Dios llama a Saúl

1 Samuel 9:1-21

Presentando a Saúl

H ay una apariencia que los medios llaman "presidencial."
Rara vez ves a alguien que busque un puesto importante en
una elección que sea pequeño, gordo o poco atractivo. Las
primeras impresiones significan mucho, y la Biblia dice de Saúl:
"*no había otro más hermoso que él*".

Incluso la Biblia lo compara con otros hombres. Lo hacemos todo
el tiempo, ¿verdad? A menudo es subconsciente; si se mide bien,
se siente bien. Si no, te sientes inseguro o envidias la buena
apariencia y la mano de Dios sobre la vida de otra persona. Tal
vez tú no tienes esa mirada presidencial, pero eso está bien;
basta con el juego de comparación. Acéptate a ti mismo como
Dios te hizo y acepta a los demás tal como son. ¡Es muy liberador!

*Había un hombre de la tribu de Benjamín, muy respetado, cuyo
nombre era Quis hijo de Abiel, hijo de Zeror, hijo de Becorat, hijo
de Afía, también benjaminita. Quis tenía un hijo llamado Saúl,
que era buen mozo y apuesto como ningún otro israelita, tan alto
que los demás apenas le llegaban al hombro. (vv. 1-2)*

Saúl era guapo y alto. Eso comunica autoridad. Era de una familia
rica con un padre muy respetado. El linaje es importante para
Dios, y Saúl tenía buenas raíces. ¿Qué sabes de tus bisabuelos?
¿O tu herencia espiritual? Una maldición sobre tu abuelo puede

ser transmitida a ti. Estudia las raíces de tu familia para ver cómo te afectan hoy.

Aparentemente, Dios vio algo en Saúl. Él lo eligió entre todos los hombres de Israel, aunque a través de este estudio podemos tener dudas sobre si fue una elección sabia. ¿Qué tipo de persona eliges tú como amigo? A menudo no entendemos por qué nos atraen ciertas personas, pero presta atención. Yo he aprendido que muchas veces Dios tiene un propósito para esa relación.

Por desgracia, hombres guapos y ricos, con alto coeficiente intelectual y buena educación, no tienen el éxito garantizado. Hoy sabemos la importancia del coeficiente emocional: un líder tiene que relacionarse bien con la gente, ya sea en el gobierno, los negocios o la iglesia. No tenemos idea de cuál fue el coeficiente intelectual de Saúl, pero vamos a ver que su coeficiente emocional parece bajo.

La preparación de Saúl

Saúl tenía buenas raíces, pero ¿estaba listo para reinar? El hombre tiende a centrarse en lo que *hace*: su trabajo. Pero a Dios le preocupa más quién *eres*. Saúl era granjero y pastor de cabras, y no estaba haciendo nada muy impresionante cuando Dios lo llamó a ser rey:

Un día, a Quis se le perdieron sus asnas. Entonces le dijo a su hijo Saúl: —Prepárate y ve a buscar las asnas. Llévate a uno de los criados.

Saúl se fue, atravesó la región montañosa de Efraín y pasó por la región de Salisá; pero no encontró las asnas. Pasó también por la región de Saalim y por la de Benjamín, y tampoco las halló. Al llegar a la región de Suf, dijo Saúl al criado que lo acompañaba:

—Vamos a regresar, pues mi padre debe de estar ya más preocupado por nosotros que por las asnas. (vv. 3-5, NTV)

¿Era esto lo más importante que Saúl había hecho? Su padre le encomendó que buscara a los burros perdidos, ¡pero él nunca los encontró! No se dio cuenta de que esta tarea insignificante lo llevaría a un encuentro con Dios que cambiaría la vida. No desprecies las tareas humildes. No te sientas mal por un fracaso aparente. ¡Nunca sabes lo que Dios ha planeado! ¿Sigues persiguiendo asnas perdidas cuando Dios tiene algo mucho más importante para ti?

El criado le contestó: —En este pueblo vive un hombre de Dios que es muy famoso. Todo lo que dice se cumple sin falta. ¿Por qué no vamos allá? A lo mejor nos indica el camino que debemos seguir.

—Pero si vamos, ¿qué le podemos llevar? —preguntó Saúl—. En las alforjas no nos queda nada de comer, ni tenemos ningún regalo que ofrecerle.

—Aquí tengo casi tres gramos de plata —respondió el criado—. Se los puedo dar al hombre de Dios para que nos indique el camino. (Antiguamente, cuando alguien en Israel iba a consultar a Dios, solía decir: «Vamos a ver al vidente», porque así se le llamaba entonces al que ahora se le llama profeta.)

—Muy bien —dijo Saúl—, vamos. Dicho esto, se dirigieron al pueblo donde vivía el hombre de Dios. (vv. 6-10)

Saúl, obviamente, no estaba involucrado en la política: no sabía quién era Samuel, a pesar de que había liderado la nación durante muchos años y era probablemente el hombre más conocido de Israel. Tampoco es impresionante la espiritualidad de Saúl; su siervo tuvo que sugerir que buscasen la ayuda de Dios.

Y ya vemos la preocupación de Saúl por las apariencias, como la necesidad de un regalo para el profeta.

Subían por la cuesta de la ciudad cuando se encontraron con unas jóvenes que iban a sacar agua. Les preguntaron: —¿Se encuentra por aquí el vidente?

—Sí, está más adelante —contestaron ellas—. Dense prisa, que acaba de llegar a la ciudad, y el pueblo va a ofrecer un sacrificio en el santuario del cerro. (vv. 11-12)

El pozo casi siempre estaba en las afueras de la ciudad y era muy obvio. Los viajeros cansados y sedientos se detendrían allí primero. Si quieres que Dios te use, hay que ir a donde esté la gente.

«Cuando entren en la ciudad lo encontrarán, si llegan antes de que suba al santuario para comer. La gente no empezará a comer hasta que él llegue, pues primero tiene que bendecir el sacrificio, y luego los invitados comerán. Así que vayan de inmediato, que hoy mismo lo van a encontrar.»

Saúl y su criado se dirigieron entonces a la ciudad. Iban entrando cuando Samuel se encontró con ellos, camino al santuario del cerro.

Un día antes de que Saúl llegara, el Señor le había hecho esta revelación a Samuel: «Mañana, a esta hora, te voy a enviar un hombre de la tierra de Benjamín. Lo ungirás como gobernante de mi pueblo Israel, para que lo libre del poder de los filisteos. Me he compadecido de mi pueblo, pues sus gritos de angustia han llegado hasta mí.» Cuando Samuel vio a Saúl, el Señor le dijo: «Ahí tienes al hombre de quien te hablé; él gobernará a mi pueblo.» (vv. 13-17)

Desde su infancia, Samuel había disfrutado de una intimidad con Dios y del privilegio de escuchar su voz audible. Era uno de esos raros hombres en quienes el Señor podía confiar para hacer su trabajo. Dios ya había hablado con él y, ahora, por coincidencia, encontró a Saúl en su camino al lugar alto, pero cuando estás caminando con el Señor, no hay coincidencias. Dios está en control, y si Él tiene un propósito que cumplir, pondrá todas las piezas en su lugar. Dios arregló a los burros perdidos para sacar a Saúl de su casa. Algunos dirían que su fracaso para encontrarlos se debió al pecado o a la falta de fe, pero fue esa falla la que lo motivó a buscar a Samuel. Presta atención a lo que sucede a tu alrededor. Mantente alerta a las personas que encuentres en tu camino. Si estás disponible para Dios, Él te mostrará qué hacer y te dará grandes oportunidades para ministrar. ¿Qué tiene para ti hoy?

El nuevo llamamiento de Saúl

Al llegar a la puerta de la ciudad, Saúl se acercó a Samuel y le preguntó: —¿Podría usted indicarme dónde está la casa del vidente?

—Yo soy el vidente —respondió Samuel—. Acompáñame al santuario del cerro, que hoy comerán ustedes conmigo. Ya mañana, cuando te deje partir, responderé a todas tus inquietudes. (RVR: te descubriré todo lo que está en tu corazón.) En cuanto a las burras que se te perdieron hace tres días, ni te preocupes, que ya las encontraron.

Y agregó: —Lo que Israel más desea, ¿no tiene que ver contigo y con toda la familia de tu padre? (vv. 18-20)

"Por casualidad", Samuel está en la puerta de la ciudad y le asegura a Saúl que los burros perdidos no son un problema para

Dios. Dios tiene planes más grandes para Saúl que rescatar a los burros, pero el joven tiene que esperar hasta el día siguiente para aprender de ellos. Es difícil saber exactamente lo que significa en hebreo, pero la Reina Valera es más literal y probablemente correcta. Implica que Samuel ya conoce los pensamientos de su corazón y se los revelará a Saúl. ¡Imagina el impacto para el joven!

¿Y cómo sería para Saúl oír que lo que más desea Israel tiene que ver con él y su familia? ¿Cómo responderías tú al oír que vas a ser rey? ¿Cómo te sientes acerca de que Dios te haya elegido para reinar con Cristo? Dios te conoce tan íntimamente como conocía a Saúl. Él puede revelar lo que hay en tu corazón a través de una palabra de ciencia, y Dios puede darte una revelación de lo que hay en el corazón de otro hombre. Si Dios te da el privilegio de ministrar a un hombre más joven, muéstrale el mismo interés que Samuel tuvo por Saúl. Sé sensible a su preocupación por las asnas perdidas. Siéntate con él para hablar o compartir una comida.

—¿Por qué me dices eso? —respondió Saúl—. ¿No soy yo de la tribu de Benjamín, que es la más pequeña de Israel? ¿Y no es mi familia la más insignificante de la tribu de Benjamín? (21)

A Dios le encanta ir contra lo que el mundo valora. A menudo opta por usar a los pobres, débiles y despreciados, pero Saúl no lo sabía. Benjamín fue el último de los hijos de Jacob, y la tribu había sido reducida durante el tiempo de los jueces. Dios eligió a una familia insignificante de la tribu más pequeña. Eso no tiene sentido para Saúl. Seguramente, Dios elegiría a alguien de una familia prominente y una tribu importante, como Judá. ¿Y cómo puede Dios elegirte a ti?

Dios te ha escogido y te ha llamado

Dios escogió a Israel y de esa nación llamó a algunos líderes. Saber que somos elegidos por Dios afecta profundamente nuestra identidad. Esa certeza permitió a los judíos sobrevivir a los horrores del exilio y la dispersión. Hoy Jesús está llamando a muchos y *"nos hace reyes y sacerdotes para Dios, su Padre"* (Apocalipsis 1:6). Dios te ha elegido para que seas adoptado como su hijo, santo y sin mancha delante de Él. Humildemente, ese conocimiento debe formar tu identidad y hacer que te sientas muy especial.

Si alguna vez te has preguntado si eres uno de los elegidos, quiero asegurarte de que Dios te ha escogido. No es por casualidad que estés leyendo esto. Así como Dios arregló las circunstancias en la vida de Saúl, así también Él dispuso que tú consiguieras este libro. Si nunca has recibido un llamado de Dios, Él te está llamando en este momento. El llamado es simplemente seguir a Jesús. Cuando Dios te llama, no puedes seguir con la vida como siempre. Él no te obliga, pero hay que decirle sí o no. ¿Has respondido a ese llamado? Tú puedes comenzar una nueva vida ahora mismo. Simplemente pídele a Dios que te perdone y decide seguir a Jesús.

Si ya eres un discípulo de Jesús, estás en su reino, y cada uno en el reino tiene un trabajo. Cuando Él te llama a hacer algo, tú no tienes la opción de rehusarte. Recuerda, es el Dios Todopoderoso quien llama. Él no está buscando voluntarios. No hubo un comité de búsqueda para entrevistar a los candidatos para el rey. No había anuncios en los periódicos, ni mensajes enviados en Facebook o WhatsApp. Saúl no tuvo la oportunidad de revisar la descripción del trabajo y decidir si quería ser rey o no. Si huyes de tu llamado, no perderás tu salvación, pero estarás muy frustrado.

Cada joven quiere hacer un impacto en su mundo. Tal vez Saúl esperaba tener su propio rebaño de cabras algún día, pero ahora todo eso ha cambiado. Saúl se encuentra en algo mucho más grande de lo que jamás podría haber imaginado. Su autoimagen y su relación con Dios eran débiles, resultando que no creía que Dios pudiera usarle. Pero tan cierto como Dios encontró a sus burros perdidos, Saúl puede estar seguro de que Dios estará con él para llevar a cabo su llamado. Saúl estaba destinado a reinar, igual que tú.

Sí, Dios te ha elegido para reinar. ¿Te parece increíble? Esta elección de un joven granjero de la tribu más pequeña de Israel para ser rey también fue increíble. Y Dios te ha elegido para algo mucho más importante que la gobernación de una pequeña nación. Puede que no entiendas tu elección o por qué Dios te elegiría. Dios llamó a muchas personas en la Biblia que no se sintieron calificadas. Tus habilidades naturales no tienen nada que ver con lo que Dios puede hacer con tu vida. Él puede suministrar cualquier deficiencia. De hecho, es más difícil para Él trabajar con alguien que tiene mucha confianza y está calificado. Él te ha elegido porque Él te ama y tiene un propósito para ti. Trabajando en tu llamado, encontrarás satisfacción.

¿Te sorprende que el Dios del universo te use a ti para hacer grandes cosas? ¿Pones límites a Dios? ¿Quién eres tú para cuestionar lo que Dios quiere hacer en su reino? ¿Conoces tu vocación? Si no, busca un lugar privado donde puedas escuchar a Dios. Encuentra un hombre de Dios que pueda hablar a tu vida. Si ya sabes tu llamado, ¿qué haces con él? Vendrán pruebas y dudas, y tendrás que esperar para verlo cumplido. Pero el conocimiento de que Dios te ha llamado debe ayudarte a perseverar.

Dios te diseñó para hacer más que perseguir burros perdidos. Fuiste creado para reinar. Tu vida está a punto de cambiar dramáticamente.

Capítulo 3

Listo para reinar

1 Samuel 9:22-10:13

Saúl comenzó el día en busca de burros. Esa misma noche él cenaba con el hombre más importante de todo Israel. A veces, Dios trabaja de manera sutil y lenta, pero cuando Él decide que es el momento, las cosas pueden cambiar de forma rápida y espectacular. ¿Recuerdas cómo los hermanos de José lo vendieron? Era un esclavo y prisionero en Egipto. Pasó años en preparación, pero dentro de un día, se trasladó desde la cárcel al palacio (Génesis 41). Te puede parecer que tu tiempo nunca llegará, pero en el momento señalado, Dios revelará sus planes y provisiones asombrosos. ¿Estás listo? Él tiene algo especial planeado, reservado y guardado — solo para ti.

Entonces Samuel tomó a Saúl y a su criado, los llevó a la sala y les dio un lugar a la cabecera de los invitados que eran unos treinta hombres. Y dijo Samuel al cocinero: Trae la porción que te di, de la cual te dije: "Ponla aparte." Entonces el cocinero alzó el pernil con lo que estaba en él y lo colocó delante de Saúl. Y Samuel dijo: He aquí lo que estaba reservado. Ponlo delante de ti y come, porque ha sido guardado para ti hasta el momento señalado, ya que dije: He invitado al pueblo. Y Saúl comió con Samuel aquel día. (9:22-24, LBLA)

¡Qué cena! Samuel hace todo lo posible para impresionar a Saúl, mostrando que el joven es alguien escogido y muy especial para Dios. Saúl todavía no lo sabe, pero él ha conseguido un padre espiritual. Una buena relación con un mentor es de mucho valor, ya sea formalmente establecida o no. Es posible que tú ya seas ese mentor de alguien, sin saberlo. Elí era un mentor para Samuel, y ahora Samuel naturalmente asume ese papel con Saúl. Lamentablemente, ni Elí ni Samuel eran padres muy buenos para sus propios hijos. Eso sucede mucho hoy en día en las familias de líderes que están muy ocupados en la iglesia. Un hombre debe aprender a ser un hombre y padre de sus propios hijos, pero si eso no ocurre, Dios puede darte un padre espiritual.

Un padre espiritual presenta a su hijo a los varones de Dios

Más importante que lo que Samuel dijo o hizo fue simplemente estar juntos. Algo poderoso sucedió en Saúl en el lugar alto, en la cabecera de la mesa y en el tejado. No era muy común invitar a un muchacho a la azotea para hablar con hombres adultos. Cuando Saúl estaba listo para irse, Samuel no solo le mostró la puerta; fue con él a la entrada del pueblo. Samuel estaba caminando con Saúl, fortaleciendo la confianza del joven. Dios ya había comenzado a transformar a un don nadie en un rey.

Un padre espiritual camina con su hijo

Descendieron del lugar alto a la ciudad, y Samuel habló con Saúl en el terrado. Se levantaron temprano, y al romper el alba Samuel llamó a Saúl en el terrado, diciendo: Levántate, para que yo te despida. Saúl se levantó, y ambos, Saúl y Samuel, salieron a la calle. (9:25-26, LBLA)

¿Hay algún siervo de Dios que haya caminado contigo? No tienen que hacer algo especial; simplemente estar juntos. ¿Anhelas a un padre o un hombre mayor que quiera sentarse contigo y hablar contigo? Si has tenido ese privilegio, da gracias a Dios. Has sido bendecido. Si no, pídele a Dios que te traiga a alguien. No tengas miedo de decirle que te gustaría pasar tiempo con él. Puede ser un honor para él.

Si tú tienes más experiencia, ¿crees que es posible que Dios te use como mentor o padre espiritual para un hombre más joven que Dios está tocando? Busca oportunidades para darles un lugar de honor en la reunión de hombres. Y no te olvides de tu propio hijo; Dios puede usarte como un padre espiritual para él también.

Un padre espiritual nunca abusa de su hijo

Desafortunadamente, creo que una palabra de precaución es necesaria aquí. Con demasiada frecuencia, un hombre mayor se ha acercado a un joven con intenciones deshonrosas. Si Dios te ha confiado a alguien, tienes una gran responsabilidad ante el Señor de mantener la pureza total en esa relación, y no estoy hablando solo de pecado sexual. Hay otras formas en que podemos abusar de hombres jóvenes y usarlos para nuestros propios fines. Guarda tu corazón y rinde cuentas a otro hombre, evitando todo lo que parezca sospechoso.

Si un mentor cristiano o cualquier otra persona ha abusado de ti, Dios quiere sanar esas heridas profundas, restaurar la confianza y traer hombres verdaderamente piadosos a tu vida. Pero ten cuidado de confiar ciegamente en otros; ese padre perfecto que anhelas probablemente no existe.

Un padre espiritual trae una palabra del Señor

Mientras descendían a las afueras de la ciudad, Samuel dijo a Saúl: Di al criado que pase delante de nosotros y siga, pero tú quédate para que yo te declare la palabra de Dios. (9:27, LBLA)

La comunión y un buen ejemplo son importantes, pero Saúl necesitaba algo más: una palabra de Dios. Puede ser la Escritura o una palabra que Dios pone en tu corazón. Claro que no siempre tienes una palabra profética profunda para cada reunión, pero pídele a Dios una palabra, y cuando la tengas, sé fiel para compartirla. No te reprimas porque te sientas incómodo al respecto, o te dé miedo ofenderlo y perder su amistad. Si tú te has ganado el derecho de hablar a su vida, con entusiasmo él recibirá la palabra. ¡Esta es una gran responsabilidad! ¡No la tomes a la ligera! Si tú tienes un mentor que te habla a tu vida, escucha atentamente, anota la palabra y ora al respecto. Estas palabras son valiosas. Si tú nunca has recibido una palabra de tu padre espiritual, pídele que ore para recibir una palabra de Dios para ti. Puede ser que no esté acostumbrado a hablar en la vida de alguien. Dile que te gustaría oír cualquier palabra que Dios le dé.

Ungido con aceite

Tomó entonces Samuel la redoma de aceite, la derramó sobre la cabeza de Saúl, lo besó y le dijo: ¿No te ha ungido el Señor por príncipe sobre su heredad? (10:1)

Antes de la palabra, Saúl recibió la unción con aceite, el símbolo del Espíritu Santo y algo, por lo general, reservado para los sacerdotes. Dios está equipando a su primer rey. La palabra sin el Espíritu puede ser rígida y abrumadora; el Espíritu, sin la palabra, puede dar lugar a todo tipo de excesos. Necesitamos ambos. Un padre espiritual debe ayudar a su hijo a mantener ese equilibrio y estar abierto a usar símbolos proféticos, como ungir con aceite o lavar los pies.

La palabra de Samuel para Saúl

Cuando te apartes hoy de mí, hallarás a dos hombres cerca del sepulcro de Raquel, en el territorio de Benjamín, en Selsa, y te dirán: "Las asnas que fuiste a buscar han sido halladas. Y he aquí, tu padre ha dejado de preocuparse por las asnas y está angustiado por vosotros, diciendo: '¿Qué haré en cuanto a mi hijo?'" De allí seguirás más adelante, llegarás hasta la encina de Tabor, y allí te encontrarás con tres hombres que suben a Dios en Betel, uno llevando tres cabritos, otro llevando tres tortas de pan y otro llevando un odre de vino; ellos te saludarán y te darán dos tortas de pan, las cuales recibirás de sus manos. (10:2-4, LBLA)

¡Estas son instrucciones muy detalladas! Después de los eventos de los últimos días, ¿cómo se sentiría un joven al oír esto? Dios conocía todos los detalles de la vida de Saúl, y también conoce tu corazón y tu futuro. ¿Hay alguien mejor equipado para guiar tu vida? La mayoría de los hombres quieren manejar (o arruinar) sus propias vidas, y lo hacen. Entrega tu vida a las manos de Dios y confía en Él para manejar los detalles. Te liberará al escuchar su voz sobre tu futuro.

Saúl tenía la bendición de conocer los detalles de lo que le sucedería, probablemente para probar su obediencia y asegurarse de que esto realmente era del Señor. Todavía existía la posibilidad de que Saúl decidiera que todo esto era una locura y que regresara a casa.

¿Saúl entre los profetas?

Después llegarás a la colina de Dios donde está la guarnición de los filisteos; y sucederá que cuando llegues a la ciudad, allá encontrarás a un grupo de profetas que descienden del lugar alto con arpa, pandero, flauta y lira delante de ellos, y estarán profetizando. (10:5, LBLA)

El día terminará con Saúl unido a esta increíble procesión. No sabemos mucho acerca de estas "escuelas" de los profetas de Dios. Se juntaron para ministrar y animarse unos a otros. Este grupo había subido a una montaña para ofrecer sacrificios en el lugar alto. Ahora están bajando, llenos del Espíritu, tocando instrumentos, profetizando y alabando al Señor. Pensamos en la profecía como proclamando un mensaje de Dios, pero esta profecía parece ser una alabanza ungida, quizás extática. El libro de Números (11:25) registra el mismo fenómeno cuando el Espíritu vino sobre los setenta ancianos. La experiencia de los discípulos en Pentecostés no era totalmente nueva para los judíos. Tal como en el Aposento Alto en Hechos 2, era un ambiente en el que Saúl fácilmente podía recibir el Espíritu.

Resultados de la venida del Espíritu

Saúl ya fue elegido y ungido, pero este derramamiento del Espíritu le dio el poder que necesitaba. Los discípulos de Cristo tenían que esperar en Jerusalén hasta que recibieran ese poder. Hay diferencias entre cristianos acerca de la semántica y el proceso exacto, pero la verdad es que necesitamos ese poder. Estoy más preocupado por una vida que refleje el poder del Espíritu que por cuándo o cómo se lo recibe. El hecho de que Saúl haya recibido el Espíritu de esta manera no significa que todos lo recibirán de la misma forma. Tenemos mucha prisa por organizar nuestra versión de una "procesión profética", tocando la misma música, para que la gente reciba el Espíritu de cierta manera. Dios quiere que tú experimentes la plenitud del Espíritu. Él se encargará de cómo la recibes. ¿La tienes tú?

Uniéndose con otros para adorar a Dios

Una vez que vino el Espíritu, Saúl se uniría a otras personas caminando en el Espíritu y adorando y alabando al Señor. Esto fue lo que sucedió en Números 11 y en Pentecostés. Ahora Dios puede formarlo como un hombre de Dios y parte de la comunidad de profetas. De hecho, Saúl se identificó tanto con ellos que surgió un dicho: "¿Está Saúl también entre los profetas?" ¿No sería una bendición identificarse con hombres de Dios de esa manera? Si Saúl se hubiera unido a ellos y hubiera nutrido esa relación, su vida podría haber terminado de una forma muy diferente.

Dios quería que la base de su reinado fuera esas relaciones con varones de Dios y la adoración de un corazón lleno del Espíritu. Lamentablemente, Saúl no volvió a adorar al Señor ni a caminar con varones de Dios durante muchos años, hasta que fue atormentado por espíritus malignos. Entonces ya fue demasiado tarde, y fue tan extraño para Saúl que tuvo que depender de David para adorar y brindarle algún alivio. La adoración es poderosa. ¿Qué parte tiene en tu vida espiritual? No estoy hablando solo de escuchar alabanzas o participar en una iglesia conocida por su gran banda de adoración. Los servicios de "adoración" parecen ser cada vez más un espectáculo, donde pocos realmente adoran a Dios. Jesús dijo que el Padre busca a los que lo adoran en espíritu y en verdad. El Espíritu de Dios te ayudará a ser un adorador verdadero.

Cambiado en otro hombre

Entonces el Espíritu del Señor vendrá sobre ti con gran poder, profetizarás con ellos y serás cambiado en otro hombre. (10:6, LBLA)

Saúl mismo dijo que sus calificaciones no eran muy impresionantes, pero Dios simplemente lo cambió en otro hombre. Tus problemas y limitaciones no son tan importantes. Cuando vienes a Cristo, Dios no está interesado en rehabilitarte o mejorarte. Él simplemente te hace un hombre nuevo. El cambio es tan dramático que Jesús dijo que la persona "nace de nuevo". El apóstol Pedro es un gran ejemplo de la transformación hecha por el Espíritu: él era un cobarde que negó conocer a Cristo, pero cuando el Espíritu vino sobre él en Pentecostés, fue cambiado y se levantó para predicar el Evangelio con valentía a miles de personas.

Si tú realmente has nacido de nuevo, debe haber un cambio notable en tu vida. ¿Eres una "nueva criatura"? ¿Has nacido de nuevo? ¿Dirías que has sido cambiado en una persona diferente? ¿O hay solo destellos de la presencia y el poder del Espíritu en una vida carnal y mundana? ¿Sigues luchando con tus propias fuerzas para cambiar poco a poco? Es maravilloso experimentar la plenitud inicial del Espíritu Santo, pero para tener una vida transformada, debes caminar todos los días en su poder. Tú puedes apagar, entristecer o ignorar al Espíritu.

Dios hizo su parte en el cambio total de Saúl, pero Saúl todavía tenía que fomentar esa relación y darle libertad al Espíritu en su vida. Por desgracia, no lo hizo.

Haz lo que te viniere a la mano

Y cuando te hayan sucedido estas señales, haz lo que te viniere a la mano, porque Dios está contigo. (10:7, RVR)

Samuel concluye con esta promesa increíble. Dios dio una promesa similar a Josué, si él fuera valiente y anduviera en obediencia a la palabra de Dios. No garantiza el éxito, al menos en nuestra comprensión del éxito, pero la bendición de Dios estará en todo lo que hace.

¿No te encantaría tener esa promesa? Yo creo que puedes. Estudia las Escrituras para discernir el corazón de Dios y luego sigue sus caminos. Él quiere bendecirte y usarte, y lo hará si tú estás lleno, motivado y guiado por el Espíritu. Muchos hombres buscan fervientemente la voluntad de Dios y, sin embargo, viven frustrados, sintiendo que no están logrando nada. Saúl no tenía que averiguar lo que Dios quería; si él estuviera caminando en el Espíritu, podría hacer lo que viniera a su mano, porque Dios estaba con él. Si tú estás viviendo en el poder del Espíritu Santo y bajo el señorío de Cristo, Dios está contigo. Él soberanamente permite las situaciones y oportunidades que vienen a tu vida. ¡Mira cómo arregló las cosas para Saúl! ¡Estoy seguro de que Dios puede hacer lo mismo por ti! Puede que solo tengas que moverte, o puede que tengas que esperar.

Espera

Baja luego a Guilgal antes que yo. Allí me reuniré contigo para ofrecer holocaustos y sacrificios de comunión, y cuando llegue, te diré lo que tienes que hacer. Pero tú debes esperarme siete días. (10:8)

Todo esto sucedería solamente "*cuando te hayan sucedido estas señales*". La instrucción final de Samuel alude a lo que finalmente provocó la caída de Saúl: tuvo que esperar. Esperar a Samuel y esperar el tiempo de Dios. Si Saúl va a ser un rey exitoso, necesita paciencia para esperar y ser obediente a instrucciones que no tienen sentido para él. Un joven arrogante puede sentir que ya no necesita al viejo profeta, pero Dios quiere que Saúl sepa que Samuel seguirá desempeñando un papel importante en su vida. Parte del trabajo de un mentor es enviar al joven delante de él. El joven necesita libertad, pero también necesita saber que su padre espiritual guardará su palabra. Si tú dices que vas a reunirte con él a cierta hora o que vas a hacer algo con él, ¡asegúrate de hacerlo!

¿Se han cumplido estos signos en tu vida? Muchos no esperan ser parte de una compañía de creyentes llenos del Espíritu Santo, ni para adorar ni para ser transformados. Empujan en la carne y se preguntan por qué todo fracasa. Si los discípulos de Jesús hubieran intentado organizar una campaña evangelística antes de Pentecostés, habría sido un desastre. ¿Estás dispuesto a esperar el tiempo de Dios y confiarle los detalles?

Y sucedió que cuando él volvió la espalda para dejar a Samuel, Dios le cambió el corazón, y todas aquellas señales le acontecieron en aquel día. Cuando llegaron allá a la colina, he aquí, un grupo de profetas salió a su encuentro; y el Espíritu de Dios vino sobre él con gran poder, y profetizó entre ellos. Y sucedió que cuando todos los que le conocían de antes vieron que ahora profetizaba con los profetas, los del pueblo se decían unos a otros: ¿Qué le ha sucedido al hijo de Cis? ¿Está Saúl también entre los profetas? Y un hombre de allí respondió, y dijo: ¿Y quién es el padre de ellos? Por lo cual esto se hizo proverbio: ¿Está Saúl también entre los profetas? Cuando acabó de profetizar vino al lugar alto. (10:9-13, LBLA)

¡Confía en la palabra de Dios! Dios fielmente hizo exactamente lo que dijo que haría. Cuando Saúl se volvió para irse, Dios cambió su corazón. Espero que tú hayas conocido el poder del Espíritu y la bendición de Dios en todo lo que hayas hecho. También tú puedes saber cómo es que todo fracasa si vuelves a caminar en la carne, aunque a veces estamos tan alejados de Dios que ni siquiera nos damos cuenta de que hay algo mal.

Puede que no estés sirviendo plenamente a Dios porque te sientes inadecuado o tienes demasiados problemas, pero Dios tiene un propósito para tu vida y puede cambiarte por completo, como cambió a Saúl. Él puede arreglar tus circunstancias, como lo hizo con Saúl. ¡Eso incluye tu lectura de este libro! Dios dispuso que Saúl conociera profetas llenos del Espíritu Santo; Él puede arreglar para que tú también conozcas a un hombre lleno del Espíritu. Tú también puedes entrar en alabanza y adoración y convertirte en un hombre totalmente diferente.

Tú puedes ser un hombre joven como Saúl. El anhelo de tu corazón es servir a Dios y hacer una diferencia por Él, pero tus pasiones te dominan y te meten en muchos problemas. A menudo, la respuesta es refrenarlas, pero Dios te dio esas pasiones, y Él quiere dirigirlas de una manera que le glorifique, para tu beneficio y el del mundo. ¡Dios quiere usar tu vida! La adoración y el compañerismo con otros hombres piadosos son importantes, pero no puedes experimentar el propósito de Dios hasta que el Espíritu venga sobre ti. ¿Estás bautizado en el Espíritu? Tú lo sabrás cuando suceda. Entonces, la palabra de Dios para ti sea: *"Haz lo que te viniere a la mano, porque Dios está contigo."*

Si tú eres un hombre mayor, puedes recordar cómo es estar entusiasmado con todas las posibilidades de tu vida, pero a lo largo de los años y muchas decepciones, te has vuelto cínico y has perdido esa pasión. Cuando ves a un joven como Saúl, te sientes un poco asombrado e incluso envidia. Tu corazón puede ser conmovido de nuevo por lo que Dios quería hacer con tu virilidad. Comparte tu sabiduría con Saúl, mientras Dios renueva tu pasión por Jesús, tu familia y la obra de Dios en el mundo.

Capítulo 4

Escondido en el equipaje
1 Samuel 10:14-27

Cuando Saúl se despertó la mañana después de su visita al lugar alto, es muy posible que pensara que el día anterior fue un sueño. Hace solo unos días, Saúl era un pastor, joven y desconocido, en busca de burros perdidos, pero luego conoció al hombre más poderoso de Israel y descubrió que iba a ser rey.

Es hermoso oír la voz del Señor y tener un encuentro sobrenatural con Dios. ¿Pero qué pasa al día siguiente? ¿O más tarde esa noche? Llegas a casa lleno del Espíritu, deseoso de compartir tu experiencia con tu esposa, y te metes en una pelea con ella. Parece que dejaste el Espíritu en la iglesia. Allí estás, en la carne otra vez. Al día siguiente, ese tiempo ungido en la iglesia simplemente no te parece tan real. ¿De verdad ha cambiado algo, o fue solo emoción?

Tal vez Dios te habló en los primeros capítulos de este libro, pero ya dudas de que Él pueda hacer algo grande en tu vida. No hay nada malo contigo. Siempre es difícil bajar de la cima de la montaña.

Volviendo a casa

A Saúl le fue dada una palabra de Dios. Cada detalle se cumplió perfectamente. Ahora, ¿qué tiene que hacer? ¿Buscar un trono y emitir un comunicado de prensa declarándose el nuevo rey? Eso no sirve, ¿verdad? Sin embargo, muchos hombres tratan de hacer que su llamado suceda por su cuenta. La realidad es que casi nunca comienzas en el trono. Está alerta a las puertas abiertas y a la gente que Dios trae a tu vida. Dios te lleva al trono a su manera y en su tiempo. Normalmente habrá un montón de lecciones duras en el camino. Ellas comienzan a menudo con tu propia familia.

Saúl volvió a casa para seguir adelante con su vida, casi como si nada hubiera pasado. Imagínate a Saúl entrando en su casa (o su tienda): "Hola tío, ¿cómo estás? Estoy bien. No soy la misma persona que era cuando me fui de aquí la semana pasada. Dios me cambió. Por cierto, yo voy a ser tu rey." ¿Cómo puedes comunicar esas noticias a la familia? Después de un encuentro especial con Dios, puede ser difícil volver a casa. Gracias a Dios por las familias que se regocijan y te animan, pero a menudo son escépticas. Ellos te conocen.

A Saúl se le dio la oportunidad perfecta: *Su tío les preguntó a él y a su criado: —¿Y ustedes dónde estaban?* (v. 14) Es probable que Saúl ya no sintiera la misma presencia de Dios que experimentó cuando estaba con los profetas. Su sirviente no le dijo nada al tío, pero quién sabe qué podría haber compartido con los demás sirvientes. Y Saúl, en lugar de afirmar con fe lo que Dios había hecho, decidió ocultarlo:

—Andábamos buscando las burras —respondió Saúl—; pero como no dábamos con ellas, fuimos a ver a Samuel.

—Cuéntame lo que les dijo Samuel —pidió el tío de Saúl.

Otra apertura y otra oportunidad perdida:

—Nos dijo que ya habían encontrado los burros —contestó Saúl.

Pero Saúl no le contó a su tío lo que Samuel había dicho acerca del reino. (vv. 15-16)

Aunque la Biblia no lo dice, es posible que Samuel haya instruido a Saúl para que no hable del reinado, pero él puede hablar de su encuentro con Dios. Lee las Escrituras cuidadosamente, no para leer entre líneas, sino para captar las cosas sutiles que los autores quieren comunicar. Cada palabra en la Biblia tiene un propósito. Creo que Dios quiere decirnos aquí que Saúl perdió una oportunidad importante para compartir acerca del Señor. Quizás sabes cómo es perder esas oportunidades. Saúl no miente, pero contó medias verdades, dejando de lado los detalles más importantes. Parece que Saúl actuaba según sus sentimientos en lugar de las promesas de Dios. Dios ya dijo que estaría con Saúl, pero Saúl actuaba como si eso no fuera cierto. Lo primero que vino a su mano fue la oportunidad de compartir lo que Dios había hecho. No fue tan difícil, ¿verdad? Pero a menudo también tenemos miedo de abrir la boca. Su tío le dio dos oportunidades perfectas, y Dios hará lo mismo por ti. Es importante hablar de todo lo que Dios ha hecho en tu vida. No lo ocultes. Cuando alguien nota un cambio en ti, sé honesto acerca de lo que Jesús ha hecho. Si fuiste a la iglesia anoche y alguien te pregunta: "¿Qué hiciste anoche?", no digas: "Yo estaba con unos amigos". No estás mintiendo, pero estás diciendo verdades a medias, y apagarás al Espíritu.

El Espíritu Santo descendió dramáticamente sobre Saúl, pero ya no se siente esa unción. Si le has pedido a Dios que te llene con su Espíritu, no confíes en tus emociones. Párate sobre dos verdades sencillas: Dios dice que necesitas su Espíritu, y Él quiere llenarte. Pablo dice que recibimos el Espíritu igual que recibimos a Jesús: por fe (Gálatas 3:2 y 14). A menos que estés lleno de pecado o dudas, puedes estar seguro de que Dios te ha llenado si lo pides con fe.

Tal vez Saúl esperaba que Samuel se olvidara de todo el asunto. Sería más fácil volver a apacentar sus burros. Puede que sea más fácil para ti olvidar el llamado de Dios en tu vida. Puedes esperar que el pastor que habló sobre ti se olvide de esa palabra también, pero gracias a Dios por los hombres fieles a su palabra que no te permitirán escapar de tu vocación.

La selección pública del rey

Samuel estableció un proceso elaborado para elegir al rey, dando la oportunidad a cada tribu de que fuera evidente que Dios escogió a Saúl.

Después de esto, Samuel convocó al pueblo de Israel para que se presentara ante el Señor en Mizpa. Allí les dijo a los israelitas: «Así dice el Señor, Dios de Israel: "Yo saqué a Israel de Egipto. Yo los libré a ustedes del poder de los egipcios y de todos los reinos que los oprimían." Ahora, sin embargo, ustedes han rechazado a su Dios, quien los libra de todas las calamidades y aflicciones. Han dicho: "¡No! ¡Danos un rey que nos gobierne!" Por tanto, preséntense ahora ante el Señor por tribus y por familias.» (vv. 17-19)

Dios parece darle a la nación una última oportunidad de arrepentirse por rechazarlo, pero están decididos a conseguir a su rey. Lo que sucedió al día siguiente sería cómico si no fuera tan trágico.

Escondido en el equipaje

Dicho esto, Samuel hizo que se acercaran todas las tribus de Israel y, al echar la suerte, fue escogida la tribu de Benjamín. Luego mandó que se acercara la tribu de Benjamín, familia por familia, y la suerte cayó sobre la familia de Matri, y finalmente sobre Saúl hijo de Quis. Entonces fueron a buscar a Saúl, pero no lo encontraron, de modo que volvieron a consultar al Señor:

—¿Ha venido aquí ese hombre?

—Sí —respondió el Señor—, pero se ha escondido entre el equipaje.

Fueron corriendo y lo sacaron de allí. Y cuando Saúl se puso en medio de la gente, vieron que era tan alto que nadie le llegaba al hombro. Dijo entonces Samuel a todo el pueblo:

—¡Miren al hombre que el Señor ha escogido! ¡No hay nadie como él en todo el pueblo!

—¡Viva el rey! —exclamaron todos. (vv. 20-24)

Saúl se llenó del poder de Dios y se cambió en otro hombre: ¿Por qué se escondería en el equipaje?

Por supuesto, a Saúl le resultaba difícil aceptar que sería el rey. Ya vimos que él no le dijo nada a su tío acerca del asunto, y ahora está escondido en el equipaje, inseguro y temeroso. Hoy diríamos que tenía baja autoestima. Tendríamos compasión y le recomendaríamos terapia, o haríamos algo para edificar su ego débil. Pero la autoimagen y el amor propio tienen que ver con el "yo". La persona está tan enfocada en el "yo" que ya no puede ver a Dios. Nuestros problemas y debilidades no desaparecen cuando viene el Espíritu de Dios. La cuestión es: ¿vamos a actuar de acuerdo con nuestros sentimientos o con nuestra fe en lo que Dios ha dicho? Saúl estaba dominado por sentimientos de incompetencia, debilidad y miedo. ¿Quién es el verdadero Saúl? ¿El rey ungido que todos están alabando? ¿O el niño asustado que no quiere estar cerca de la gente?

Si es difícil para ti estar con la gente, será difícil para ti servir a Dios. Saúl trabajaba en la granja de su padre y no estaba acostumbrado a estar con mucha gente. Nunca tuvo un puesto de liderazgo y no tenía la formación para ser rey. Es fácil entender su lucha. ¿Realmente fue Dios quien le habló? ¿Fue realmente elegido para ser rey? ¿Por qué Dios elegiría a alguien obviamente no calificado? ¡Porque Dios quería que él viera la necesidad absoluta de vivir en el poder del Espíritu! No sobreviviría como rey si caminara en la carne. ¡Él siempre estaría escondido en el equipaje! La única manera de afrontar esta gran tarea sería confiar en Dios momento a momento. Lo mismo es cierto para ti. Dios te salva y te llama a una tarea imposible: ni siquiera es posible ser un cristiano si no estás caminando en el Espíritu. Intentas con todas tus fuerzas agradar a Dios, solo para fracasar miserablemente y dudar si esta fe cristiana realmente es para ti. Te parece que simplemente no puedes, y esa es exactamente donde Dios te quiere. El Antiguo Testamento nos muestra gráficamente cómo nunca podemos medir los estándares de Dios. Es solo cuando renunciamos a nuestros propios esfuerzos que comenzamos a entender lo que significa ser un cristiano: Jesús viviendo su vida a través de nosotros.

Hermano pastor, no quiero ofenderte, pero muchas veces son las personas sin talentos naturales y no calificadas las que son llamadas al ministerio. Dios puede pasar por alto a los líderes naturales y escoger a alguien desconocido para dirigir una obra importante, porque será tan evidente que sólo podrán hacerlo confiando totalmente en el Espíritu. El hombre con muchos dones naturales lucha con orgullo y renunciando a sus propios esfuerzos, e impide la obra de Dios.

Es mejor no aprender las duras lecciones frente a toda la iglesia o frente a toda la nación. Las consecuencias de caminar en la carne como un campesino son diferentes a las de caminar en la carne como un rey. Si Saúl fracasa pastoreando ovejas, él podría perder unas cuantas ovejas ante un león. Pero como rey, todo el país puede ser derrotado. Un evangelista famoso que cae en pecado trae mucha más deshonra al nombre de Jesús que el pastor de una iglesia pequeña; simplemente afecta a más personas y el daño a la causa del Señor es mucho mayor. Cuanto más avanzas en el servicio de Dios, más tienes que confiar completamente en el Espíritu. Si vas a prosperar, una muerte radical del "yo" es necesaria. Saúl era demasiado egocéntrico para ver a Dios o darle control de su vida.

Y tú, ¿eres guiado por tus emociones o por tu fe en Dios? Tu experiencia después de un encuentro profundo con Dios puede ser muy variada. ¿Vas a actuar como un hijo adoptivo de Dios todopoderoso, diseñado para reinar con Cristo? ¿Vas a dar un paso de fe en el poder del Espíritu? ¿O, dominado por tu pecado, miedo y sentimientos de inferioridad, vas a permanecer débil e ineficaz, intentando esconderte y actuando como si nada hubiera cambiado? ¡Sal del equipaje!

Inseguridad

Cuando Saúl finalmente apareció, desde los hombros arriba era más alto que todo el pueblo. Samuel orgullosamente dijo: "*No hay nadie como él en todo Israel*". Todos podían ver que Saúl era físicamente capaz, pero parece que él no se dio cuenta de ello. Era como muchos de nosotros: ciego a sus habilidades. Saúl actuó como un niño, en lugar de un imponente y poderoso hombre de Dios. Tú puedes tener dones y habilidades que son evidentes para todos los demás, excepto para ti mismo. Puedes estar tan enfocado en ti mismo que no puedes ver a Dios. Ni la altura de Saúl ni sus capacidades naturales eran importantes. Lo único que realmente importaba era que Dios lo había escogido, y Dios a menudo escoge a los débiles para confundir a los sabios. Saúl no es el único que lucha con esa inseguridad. Hombres mayores en posiciones de gran responsabilidad aún sienten esa tensión. A veces nos gustaría escondernos en el equipaje o volver a los pastos pacíficos; apacentar un rebaño de ovejas por un rato o volver a ser un niño. Grandes predicadores tienen miedo de levantarse frente a una multitud. A veces te despiertas con temor y ansiedad y te preguntas: "¿Qué estoy haciendo, pastoreando una iglesia, responsable ante Dios por cientos de personas?" O puedes mirar a tu esposa y pensar: "¿Quién es esta mujer?" Puede haber noches sin sueño con el estómago en nudos, pensando en todos los problemas que te enfrentan. Puedes sentirte muy pequeño y débil. En ese momento tú no necesitas cursos de motivación ni palabras de ánimo acerca del gran hombre que eres. Tienes que buscar a Dios. Recuerda sus promesas. Bebe profundamente de la plenitud de su Espíritu. Disfruta de la comunión con Dios y escucha su voz en la Palabra. Entonces levántate y da ese paso de fe como el hombre poderoso que eres en Jesucristo.

Hombres valientes y hombres insolentes

Para bien o para mal, Saúl ha sido presentado como el primer rey de Israel. En los próximos capítulos, vamos a ver si estaba listo para reinar o no.

Después, Samuel le explicó al pueblo cuales eran los derechos y las obligaciones de un rey. Los escribió en un rollo y lo puso delante del Señor. Luego Samuel envió al pueblo a sus casas.

Cuando Saúl regresó a su casa en Guibeá lo acompañó un grupo de hombres a quienes Dios les había tocado el corazón. Sin embargo, había unos sinvergüenzas que se quejaban: «¿Cómo puede este hombre salvarnos?». Y lo despreciaban y se negaban a llevarle regalos. Mas Saúl guardó silencio. (vv. 25-27, NTV)

Hubo dos reacciones muy diferentes a Saúl.

El primer grupo ofreció su apoyo. Dios ya tocó sus corazones. Eran valientes, maduros, fuertes y piadosos. ¡Muy diferentes de la inmadurez y la cobardía de Saúl! Ellos conocían a Dios, y comprendían y respetaban la autoridad que Dios le había dado a Saúl. Pero no eran ciegos; vieron la timidez y la falta de experiencia del nuevo rey. No era una atracción natural para Saúl, pero podían ver más allá de sus debilidades en lo que Saúl podría llegar a ser. Cuando Dios pone su mano sobre tu vida, Él también proporciona a otros hombres para que te apoyen. Dios no te llama, solo para que te abandone. Varones de Dios se sentirán atraídos por la presencia de Dios en ti. La tarea de Saúl era escuchar a estos hombres, pasar tiempo con ellos y aprender de ellos. Le correspondía a Saúl determinar lo que cada uno tenía para ofrecer y utilizar esas habilidades. Una de las marcas de un gran líder, ya sea en el gobierno, los negocios o la iglesia, es la calidad de los hombres que tiene a su alrededor. Un líder verdaderamente dotado atraerá a otros hombres dotados. Un líder inseguro será amenazado por ellos. La prueba real no es solo atraerlos, sino saber cómo usarlos y cultivar su apoyo. Dios le estaba dando a Saúl un recurso precioso, pero parece que él lo desperdició. Estos hombres lo acompañaron a su casa, pero no está claro lo que ocurrió después. Tal vez, si Saúl se hubiera quedado cerca de ellos, habría sido protegido de la cruel oposición y burla del segundo grupo.

Los hombres tienden a ser independientes y resisten la ayuda de cualquiera. Pero Dios rara vez llama a un hombre al liderazgo solitario. Tú eres parte de un cuerpo que tiene diversos dones espirituales. Si Dios te llama a una tarea, únete a otros hombres para ayudarte a lograrla. Eso puede ser un duro golpe para tu orgullo, ya que ellos pueden ser más experimentados y cualificados que tú. Pero eso no importa si Dios los trae a ti. Puede que no sean los hombres que tú elegirías, pero Dios sabe lo que está haciendo y está proporcionando graciosamente el apoyo y la orientación que necesitas. Atesóralos y escúchalos. Recibe su ayuda y humildemente da gracias a Dios por ellos. ¿Tienes a algunos "hombres valientes" a tu alrededor? ¿O a uno que puedas buscar? ¿Eres tú uno de esos hombres valientes que Dios usaría para animar a alguien?

Solo habrá un rey en el país. Puede ser humillante, pero acepta el llamado que Dios tiene para ti. No seas como el segundo grupo, que *"lo despreciaba"* y *"no le traían ningún regalo"*. Esas son palabras fuertes para mostrar cuán grande fue la oposición. No importa dónde estés, tendrás detractores, así como partidarios. Saúl no fue la excepción. ¿No puedes imaginar a estos duros hombres machistas en la multitud riéndose de este chico que fue arrastrado del equipaje? Son alborotadores y aparecerán cuando Dios comience a moverse en tu vida. Su propósito es derribarte, desalentarte y hacerte dudar de lo que Dios ha dicho. Son enviados por el acusador de los hermanos, quien odia a Dios y te odia a ti. Nos encantaría que se fueran, pero dondequiera que Dios esté moviéndose, Satanás estará allí tratando de destruir la obra del Señor. Sería genial si pudieran esperar hasta que Saúl se estableciera, pero Satanás no es un caballero. Si él puede descarrilar una obra de Dios desde el principio, lo hará.

Lo triste es que estos sin vergüenzas eran del mismo pueblo de Saúl. Sería comprensible que los filisteos se negaran a llevarle regalos, pero ¿hermanos israelitas? Por desgracia, a veces la oposición más fuerte viene de la iglesia. Gente orgullosa que camina en la carne despreciará al hombre que Dios toca y exalta. La selección de líderes de la iglesia es una de las fuentes más comunes de conflicto. Aquellos que no fueron elegidos, pero creen que están mejor calificados, a menudo desprecian al seleccionado y tratan de socavarlo. Se nota su ausencia en un servicio de instalación o reconocimiento donde otros traen regalos.

¿Por qué permitiría Dios que estos hombres insolentes vinieran contra Saúl tan rápidamente? ¿Estaba siendo cruel o indiferente? Definitivamente no. Una parte importante del crecimiento y el liderazgo es responder a la oposición. Por mucho que uno desee, ¡no se puede evitar la batalla! Dios fielmente proveyó a hombres valientes. Ahora la pregunta es: ¿a quién escuchará Saúl? ¿Cómo va a responder a los alborotadores? ¿Cuánto le permitirá a Dios ministrarle a través de los hombres valientes?

Saúl guardó silencio

Una vez más, Saúl guardó silencio. Los hombres son buenos en eso. Parece ser la salida más fácil. A veces hablamos demasiado, pero otras veces guardamos silencio cuando deberíamos hablar. Hay que saber cuándo hablar y cuándo guardar silencio. ¿Mostró Saúl la moderación sabia, como lo hizo Jesús con sus acusadores? ¿O simplemente estaba asustado y no sabía qué decir? Probablemente debería haber dicho algo; tal vez devolver bendiciones en lugar de maldiciones. Mi conjetura es que se sintió inadecuado. No quería enfrentarse a ellos. No habló con Dios, quien le habría tranquilizado. Saúl lo internalizó, y su ego, ya débil, estaba un poco más desgastado. Las voces de los alborotadores se unieron a las de su padre, sus amigos y cualquier otra persona que le había lastimado de niño. Cuando regresó a casa, las palabras de los alborotadores permanecieron en sus oídos, mientras que las palabras de los hombres valientes no parecían tan fuertes. La experiencia con Samuel parecía lejana, pero sus acusadores parecían muy presentes. Satanás comenzó a construir una fortaleza en su mente basada en sus propios problemas de personalidad. Más tarde, cuando su gobierno colapsó, las mismas palabras resonaron en su mente. Dios proveyó una salida, pero como veremos, la batalla solo se intensificó.

¿Has batallado con las mismas voces? Es posible que hayas ignorado a los hombres valientes que Dios ha traído a tu vida. Has estado demasiado orgulloso e independiente para acercarte a ellos. Puedes tener miedo de estar cerca de otros hombres. Mientras tanto, la voz de los alborotadores se ha mantenido fuerte, uniéndose a las burlas del pasado: "Nunca lo lograrás. Eres diferente. Nunca tendrás la victoria. No hay esperanza para ti. Eres un fracaso."

Tú no eres diferente. No eres un fracaso. Cada hombre desde Adán en adelante lo ha experimentado. Tú tienes la opción de escuchar lo que Dios ha dicho o al acusador y sus alborotadores que te desprecian. Identifica la voz de tu acusador. Dile que reconoces su voz. Decide rechazar sus burlas a partir de ahora. En lugar de meditar en la burla de la gente y tus malas experiencias, medita en lo que Dios ha dicho acerca de ti en Su Palabra. Ora para que Dios, en su gracia, proporcione a hombres valientes para rodearte. Los necesitas.

¿Estás escondido en el equipaje mientras Dios te llama a levantarte e impactar poderosamente a tu familia y tu mundo? ¿A qué le temes? ¿Las burlas del enemigo? ¡Dios está contigo! Él

te brindará todo el apoyo que necesites cuando des ese paso de
fe.

Capítulo 5

Saúl se recupera
1 Samuel 11:1-11

Hasta ahora, podría parecer que Dios se equivocó al escoger a Saúl como el primer rey de Israel. Después de su experiencia dramática con el Espíritu Santo, ha sido una cuesta arriba para Saúl. Los enemigos de Israel ríeron cuando recibieron noticias de este muchacho cobarde que sería rey. Es el momento perfecto para atacar el país.

Najás el amonita subió contra Jabés de Galaad y la sitió. Los habitantes de la ciudad le dijeron: —Haz un pacto con nosotros, y seremos tus siervos.

—Haré un pacto con ustedes —contestó Najás el amonita—, pero con una condición: que les saque a cada uno de ustedes el ojo derecho. Así dejaré en desgracia a todo Israel.

—Danos siete días para que podamos enviar mensajeros por todo el territorio de Israel —respondieron los ancianos de Jabés—. Si no hay quien nos libre de ustedes, nos rendiremos. (vv. 1-3)

Como de costumbre, Saúl está ausente. Sin liderazgo y sin esperanza de victoria, Jabés ni siquiera quería pelear. Si ellos se someten a Najás, serán sus esclavos. Pero Najás quería aún más: él iba a deshonrar a todo Israel, sacando el ojo derecho de cada hombre. Y no había garantía de que Najás no terminara matando a todos los habitantes de Jabés.

Hoy no es tan diferente. Hay pocos hombres valientes de Dios. La falta de líderes fuertes nos hace vulnerables a los ataques del enemigo. En lugar de resistir a Satanás, nos rendimos a él o hacemos acuerdos con él. Le rendimos partes de nuestras vidas porque estamos cansados de la lucha. Eso es arriesgado. Cuando tú le entregas algo, el diablo exige más. Él quiere tu ojo derecho también. Comienza a edificar una fortaleza en tu corazón. Su propósito es matarte. Y tus acuerdos con Satanás traen deshonra a Jesucristo y a su Iglesia; lo hemos visto con demasiada frecuencia.

Sin embargo, Jabés no estaba listo para aceptar la derrota. En su desesperación, enviaron mensajeros a todo Israel, en el caso improbable de que alguien viniera a ayudar. Aparentemente, ni siquiera pensaron en Saúl ni esperaron su ayuda.

Cuando los mensajeros llegaron a Guibeá, que era la ciudad de Saúl, y le comunicaron el mensaje al pueblo, todos se echaron a llorar. En esos momentos Saúl regresaba del campo arreando sus bueyes, y preguntó: «¿Qué le pasa a la gente? ¿Por qué están llorando?» Entonces le contaron lo que habían dicho los habitantes de Jabés. (vv. 4-5)

¿Por qué estaba Saúl en el campo? ¿Se olvidó de su elección como rey? Parece que simplemente volvió a su vida vieja de campesino. Eso también les sucede a muchos cristianos. Aceptan a Cristo y se involucran en todas las actividades de la iglesia. Se bautizan y reciben el Espíritu Santo. Sus amigos hacen comentarios acerca de su conversión y se burlan de ellos, tal como los hombres insolentes lo hicieron con Saúl. Experimentan todo lo que un verdadero cristiano debe experimentar, pero luego caen de nuevo en su vida vieja, como si nada hubiera pasado.

Saúl fue convertido en un hombre nuevo. Dios le ordenó que hiciera todo lo que estaba a su alcance porque estaba con Saúl. ¿Pero fue arar el campo con sus bueyes lo mejor que podía hacer? Tal vez Israel no habría sido humillado ante su enemigo si Saúl hubiera hecho su parte como rey.

Cuando Saúl escuchó la noticia, el Espíritu de Dios vino sobre él con poder. Enfurecido, agarró dos bueyes y los descuartizó, y con los mensajeros envió los pedazos por todo el territorio de Israel, con esta advertencia: «Así se hará con los bueyes de todo el que no salga para unirse a Saúl y Samuel.» (vv. 6-7)

Saúl pudo olvidar su llamado, pero Dios no se había olvidado de Saúl. Saúl no estaba en la iglesia ni buscando a Dios. No había profetas alrededor. Saúl no hizo nada. Estaba regresando con sus bueyes cuando oyó al pueblo llorar. Algo lo conmovió profundamente en el espíritu. ¡Mi hermano, deja que el Espíritu de Dios te toque cuando escuches las necesidades de su pueblo! ¡No endurezcas tu corazón ante el sufrimiento que te rodea!

Saúl parecía un fracaso total como rey. ¿Qué sucedió para que pasara de ser un muchacho que trabajaba en el campo con sus bueyes a convertirse en un poderoso guerrero? El Espíritu Santo lo llenó después de su encuentro con Samuel, y ahora el Espíritu vino sobre él de nuevo. Y en un momento, el Espíritu lo transformó en una persona diferente.

Saúl guardó silencio frente a sus acusadores. Interiorizó su ira. Pero ahora, de repente, esa ira se despertó. Muchos hombres no saben cómo manejar su ira. Algunos han sufrido tantos problemas a causa de ella que hacen todo lo posible para reprimirla, pero la ira no es mala. Dios es un dios de ira, y Él puede usar la ira justa contra el enemigo, la injusticia o el pecado. Dios quiere hombres apasionados. Si sigues reprimiendo tu ira, puedes perder tu pasión. Dios te ayudará a manejarla, para que no seas dominado por ella. La ira puede motivarte a actuar. Saúl descuartizó los bueyes que trajo del campo. Eran una parte importante de su pasado, pero ya no los necesita. Ahora, la cuestión es: ¿habrá alguien que siga a este joven rey que nunca había hecho nada?

El temor del Señor se apoderó del pueblo, y todos ellos, como un solo hombre, salieron a la guerra. Saúl los reunió en Bézec para pasar revista, y había trescientos mil soldados de Israel y treinta mil de Judá. Luego les dijo a los mensajeros que habían venido: «Vayan y díganles a los habitantes de Jabés de Galaad: "Mañana, cuando más calor haga, serán librados."»

Los mensajeros fueron y les comunicaron el mensaje a los de Jabés. Éstos se llenaron de alegría y les dijeron a los amonitas: «Mañana nos rendiremos, y podrán hacer con nosotros lo que bien les parezca.»

Al día siguiente, antes del amanecer, Saúl organizó a los soldados en tres columnas. Invadieron el campamento de los amonitas e hicieron una masacre entre ellos hasta la hora más calurosa del día. Los que sobrevivieron fueron dispersados, así que no quedaron dos hombres juntos. (7-11)

Parece que hay muy poco de ese temor o reverencia hoy; ¡que el temor del Señor caiga sobre su pueblo!

De la noche a la mañana, Saúl formó un ejército de 330,000 hombres. Pero ahora hay otro problema: por lo que sabemos, Saúl nunca había luchado con más que unos animales salvajes, mucho menos había dirigido un vasto ejército contra guerreros experimentados. Pero, para Dios, eso no es un problema. El Espíritu de Dios no solo llenó a Saúl de furia, sino que también lo equipó para la batalla y lo convirtió en un líder fuerte. Con valentía y en fe, le envió un mensaje a Jabés diciendo que la ciudad sería librada al día siguiente. Y así sucedió: Saúl condujo al ejército en una victoria decisiva, y Jabés fue liberada. ¡Qué transformación increíble del joven rey!

Tú puedes experimentar el mismo poder

¿Te enfrentas a nuevos retos que te parecen más de lo que puedes manejar? Esta fue la segunda vez que el Espíritu vino sobre Saúl con poder. Hasta ahora, parece que Saúl había apagado al Espíritu, o tal vez nunca necesitó su poder. ¡No se necesita mucha unción para arar un campo!

Es posible que el Espíritu te haya llenado hace años, pero ahora esa experiencia te puede parecer muy lejana. Tú necesitas que el Espíritu venga sobre ti con poder, ya sea por primera vez o por la quincuagésima. Un caminar diario en el poder del Espíritu Santo es tu mejor defensa contra los ataques del enemigo. Si quieres experimentar su poder, descubre lo que Dios está haciendo y mantente identificando con su pueblo. Ve a las líneas del frente y lucha contra el enemigo. Si no estás en un lugar donde Dios te pueda usar para evangelizar o ministrar, es posible que nunca puedas experimentar la plenitud del Espíritu. Dios no nos da su Espíritu para sentirnos bien o impresionar a otros con sus dones. El Espíritu se apoderará de ti para una tarea cuando des ese paso de fe.

Los planes de Saúl para esa noche y para los próximos meses fueron interrumpidos dramáticamente, como los pescadores que abandonaron todo para seguir a Jesús. ¿Estás dispuesto a cambiar tus planes drásticamente?

¿Te llena de ira santa ver lo que está sucediendo en la iglesia o en tu país? Dios no nos llama a juzgar o condenar a una parte del Cuerpo que está siendo atacada. Otros judíos no juzgaron a Jabés ni los llamaron débiles porque el enemigo vino contra ellos, pero muchas veces eso es lo que hacemos con otros cristianos. Cuando el Espíritu venga sobre ti, te dará poder para desafiar al enemigo. ¿Podría Dios usarte para despertar a su pueblo? ¿Por qué no? Saúl exigió a todos que participaran en el esfuerzo — ¡o que sus bueyes fueran descuartizados! La gente salió como un solo hombre. ¡No hay indicios de que Saúl haya tenido que cortar ningún buey! Un hombre ungido por el Espíritu atraerá a otros hombres para luchar. Se unen alrededor de una tarea. Esa unidad es más importante en la batalla. ¿Qué tipo de impacto tendrían en tu país si los creyentes se unieran como un solo hombre? ¿Te imaginas la victoria sobre el enemigo? Que el temor —¡el terror!— de Dios caiga sobre la iglesia para que pongamos a un lado nuestras diferencias, luchemos contra el enemigo juntos y veamos la liberación de Dios.

¡Qué cambio tan increíble para ese joven que estaba escondido en el equipaje! Como Saúl, todos nosotros hemos fracasado. Es parte de ser humano. Puedes descender en una espiral descendente, sentir que ya has pecado demasiado y que no hay esperanza ni retorno. Puedes aceptar las mentiras de que tienes que demostrar tu valía y trabajar para ganar el favor de Dios otra vez, o pensar que Dios nunca te volverá a usar. Pero Dios está allí, esperándote, anhelando que regreses y ocupes el lugar que te corresponde en la familia. Él quiere tocar tu corazón endurecido y herido. Tan rápido como te caíste, tú puedes volver al Señor, listo para la batalla.

Capítulo 6

La importancia de la misericordia
1 Samuel 11:12-15

De repente, la popularidad de Saúl aumentó, y al mismo tiempo se fortaleció su confianza y autoimagen. Ahora Saúl es un héroe, y el pueblo está listo para tomar medidas drásticas contra aquellos que cuestionaron su elección como rey. El pueblo entonces dijo a Samuel: *¿Quiénes son los que decían: ¿Ha de reinar Saúl sobre nosotros? Dadnos esos hombres, y los mataremos.* (v. 12, RVR)

Es extraño que hayan hablado con Samuel. Es cierto que Saúl era joven. Tal vez para muchos en Israel, el anciano profeta todavía era su líder, pero Samuel no tuvo la oportunidad de responder. Algo había cambiado: *—¡Nadie va a morir hoy! —intervino Saúl—.En este día, el Señor ha librado a Israel.* (v. 13)

Sólo podemos adivinar la ira y la vergüenza que Saúl había interiorizado cuando guardó silencio frente a los alborotadores que se burlaron de él. Ahora, la gente quiere matarlos. Saúl, el cobarde que se escondió en el equipaje, con gusto habría permitido a otros hacer su trabajo sucio. Pero este es un Saúl diferente, que ha visto el poder y la gloria de Dios. No se derramará sangre judía para distraer de la gran victoria que Dios les dio. Él elige mostrar misericordia.

Tú puedes llevar recuerdos vívidos del padre que te maltrató, del profesor que se burló de ti frente a toda la clase, del compañero de trabajo que destruyó tu reputación para conseguir su propia promoción o del hombre que durmió con tu esposa. Hay un poder tremendo en ese dolor y esa rabia. La venganza puede parecerte muy atractiva. La forma en que tú elijas manejar las ofensas y la injusticia tendrá un gran impacto en tu crecimiento en Cristo y en el uso adecuado de la autoridad que Cristo te ha dado.

Tres formas de responder a ofensas

La primera respuesta de Saúl, en 1 Samuel 10, fue internalizar la ira. Guardó silencio, paralizado e impotente, como un niño que no puede responder a su padre o al matón del barrio. Es cierto que Jesús nos enseña a poner la otra mejilla, pero lo hacemos desde una posición de fuerza. El que tenía el mismo nombre que Saúl, el apóstol Pablo, aprobó el apedreamiento de Esteban (Hechos 8:1). Pero él también conocía bien el abuso de los alborotadores. Después, Pablo escribió:

No paguéis a nadie mal por mal; procurad lo bueno delante de todos los hombres. Si es posible, en cuanto dependa de vosotros, estad en paz con todos los hombres. No os venguéis vosotros mismos, amados míos, sino dejad lugar a la ira de Dios; porque escrito está: Mía es la venganza, yo pagaré, dice el Señor. Así que, si tu enemigo tuviere hambre, dale de comer; si tuviere sed, dale de beber; pues haciendo esto, ascuas de fuego amontonarás sobre su cabeza. No seas vencido de lo malo, sino vence con el bien el mal (Romanos 12:17-21, RVR).

No confundas la interiorización de tu ira, como lo hizo Saúl, con poner la otra mejilla y permitir que Dios se vengue de tus enemigos.

Más tarde en su vida, Saúl tomó casi el enfoque opuesto. Cuando el Espíritu Santo lo dejó, se convirtió, consumido por celos, y trató de matar a David, su enemigo percibido. Si tú no estás caminando en el Espíritu, puedes dedicar gran energía, tiempo e incluso dinero a tratar de vengarte de aquellos que te han ofendido. La naturaleza humana exige justicia. Pero ten cuidado; tu percepción puede ser nublada por tu ego herido y dañado. ¿Cómo responderías si alguien se ofreciera a castigar a quienes te han hecho mal? Los israelitas esperaban que Saúl les agradeciera: "Guau, ustedes son súbditos muy leales. Permítanme darles puestos importantes en mi nuevo gobierno." Es posible que buscaran su favor, pero Saúl miró más allá de la ofensa, eligió la misericordia y detuvo el hablar de venganza. Fue una de las pocas veces que vemos un verdadero carácter en Saúl. Algunos dirían que un verdadero hombre expresa su ira y se venga de sus enemigos. Pero con la ayuda de Dios, Saúl tomó el camino más fuerte y difícil: perdonó a quienes lo habían lastimado y les mostró misericordia.

Dios puede darte el poder de perdonar, amar a tus enemigos y orar por aquellos que te persiguen. Él te salvó por su gracia y misericordia cuando estabas en esclavitud al pecado. Él eligió pasar por alto cuán profundamente lo habías agraviado. Cuando te das cuenta de que tú eres tan pecaminoso como los que te han lastimado, es difícil condenarlos. Puedes dejar de lado tu ira y el deseo de venganza. Cuando Dios ha cambiado tu vida y te ha dado la victoria, no hay necesidad de perseguir a viejos enemigos ni de resolver viejas deudas. Déjalos ir, y que Dios se ocupe de ellos.

¿Tienes miedo de que te lastimen de nuevo o se aprovechen de ti? No sabemos cómo respondieron estos hombres, pero no hay registro de más problemas con ellos. Con la victoria de Saúl y su nueva demostración de fuerzas interiores, los burladores pueden haber sido condenados por sus actitudes. Incluso podrían haberse convertido en sus seguidores. Saúl actuó con integridad, por lo que sus ataques continuos sólo les harían que parecieran débiles.

Una llamada para celebrar

Saúl tuvo un comienzo lento, dominado por su inmadurez, timidez y la burla de los alborotadores. Pero ahora ha cambiado, y Samuel, en su sabiduría, se dio cuenta de que era hora de celebrar.

—¡Vengan! —le dijo Samuel al pueblo—. Vamos a Guilgal para confirmar a Saúl como rey.

Todos se fueron a Guilgal, y allí, ante el Señor, confirmaron a Saúl como rey. También allí, ante el Señor, ofrecieron sacrificios de comunión, y Saúl y todos los israelitas celebraron la ocasión con gran alegría. (vv. 14-15)

Samuel no quería un rey, pero ahora está a la cabeza de la reafirmación de la monarquía. Guilgal era un lugar apropiado, porque fue allí donde Josué levantó doce piedras después de que Israel cruzó el Jordán hacia la Tierra Prometida: *"Lo hizo para que todas las naciones de la tierra supieran que la mano del Señor es poderosa, y para que ustedes temieran al Señor su Dios para siempre"* (Josué 4:24).

Probablemente no habría sido una celebración si Saúl hubiese matado a los alborotadores. Cuando estás decidido a vengarte, es difícil entrar en la presencia del Señor, pero cuando adoras a Dios, te olvidarás de aquellos que te traicionaron. Mostrar misericordia, como lo hizo Saúl, produce alegría. Con adoración y fiesta, se regocijaron en la bondad, la fidelidad y la provisión de

Dios. Estar en su presencia no tiene que ser solemne. A los judíos les encanta celebrar. ¡Sería útil tener más celebraciones en nuestras iglesias!

Samuel tenía otra razón para llamar al pueblo a Guilgal. Ahora que Saúl había demostrado que podía ser un rey eficaz, Samuel sintió que era hora de retirarse, aunque continuaría como un mentor para Saúl. Utilizó esta reunión para pronunciar su discurso de despedida.

¿Tienes que mostrar misericordia a alguien?

¿Tú has tratado de olvidar las ofensas, empujándolas al fondo de tu mente? ¿O están tus pensamientos dominados por la ofensa? ¿Estás tentado a tomar las cosas en tus propias manos y vengarte de la persona que te traicionó, ya sea por difamación o por lastimarla realmente? ¿Te consumen los pensamientos de venganza, como lo fue Saúl más tarde? Esas cosas no funcionan. No es que tu ira no sea justificada. Nadie diría que lo que hicieron fue correcto, pero Dios está llamándote a tomar una postura más valiente y fuerte. Decide ahora no buscar venganza. Pide ayuda a Dios. Como Él te ha perdonado, escoge mostrar misericordia y perdonar. Sentirás una tremenda liberación, y tú también adorarás y celebrarás en la presencia del Señor.

Capítulo 7

Samuel se despide
1 Samuel 12:1-25

¿Qué palabra te gustaría recibir de tu padre espiritual o de tu padre terrenal? Israel está en medio de una celebración familiar. Se sienten bien. ¡Tienen un rey! ¡Derrotaron a los amonitas! Las cosas realmente están mejorando. Con mucha expectativa, ellos se reúnen para recibir la bendición de su padre.

Entonces Samuel se dirigió a todo Israel: —He hecho lo que me han pedido y les he dado un rey. Ahora el rey es su líder. Estoy aquí delante de ustedes —un hombre ya viejo y canoso— y mis hijos les sirven. He sido su líder desde mi niñez hasta el día de hoy. Ahora testifiquen contra mí en presencia del Señor y ante su ungido. ¿A quién le he robado un buey o un burro? ¿Alguna vez he estafado a alguno de ustedes? ¿Alguna vez los he oprimido? ¿Alguna vez he aceptado soborno o he pervertido la justicia? Díganmelo y corregiré cualquier cosa incorrecta que haya hecho. (vv. 1-3, NTV)

No es exactamente lo que esperaban oír, pero los ancianos tienen una tendencia a ser malhumorados. ¿Por qué? Hay algo que sucede a menudo con un hombre a lo largo de los años. Él se esfuerza por ser todo lo que un hombre debe ser: un buen esposo y padre, exitoso en el trabajo y financieramente seguro, un buen cristiano y líder en la iglesia (si es un creyente). Pero a través de los años crece un intenso revoltijo de emociones, tanto que es difícil de expresar o incluso comprender.

- Hay fracasos y rechazos.
- Él tiene un amor profundo por su esposa, pero anhela una mayor intimidad.
- Está preocupado por sus hijos.
- El tiempo pasa demasiado rápido y se siente fuera de control.

Cuando mezcla todo eso, y más, un anciano puede parecer gruñón. Muchos hombres simplemente se retiran a algún pasatiempo, al bar, a sus animales o a la iglesia. No saben cómo manejar todas esas emociones. Pero mira más allá del dolor; lo que necesitan es amor y afirmación. Todavía tienen algo importante que decir. Podemos aplacarlos para silenciarlos y evitar sus quejas. A veces, otros quieren que simplemente desaparezcan. Eso es lo que sucedió aquí. Se puede ver por la rapidez con que responden a Samuel. Dicen lo que ellos creen que él quiere oír:

—No nos has defraudado —respondieron—; tampoco nos has oprimido ni le has robado nada a nadie. (v. 4)

El entusiasmo del pueblo se ha ido. Se sienten pequeños, como un niño regañado por mami o papi. Es difícil que recuerden tu pecado. Quieres olvidarlo. Quieres que todo esté bien, pero la vida no funciona así. No puedes seguir adelante hasta que lo resuelvas. En tu corazón ya sabes muy bien que hiciste mal. Tu esposa, tu patrón, Dios, todos tienen quejas legítimas contra ti. Te sientes frustrado y puedes preguntar: "¿Qué más quieres de mí?" Pero el único remedio es arrepentirse y hacer frente a las consecuencias.

Ya Samuel sabe que ellos no han escuchado su corazón, pero es difícil para los hombres hablar de su dolor, y Samuel todavía tiene que decir algo. Va a centrarse en Dios. Ya sea conscientemente o no, de alguna manera Samuel quiere producir culpa en el pueblo.

—El Señor y el rey que él ha escogido son testigos de que ustedes no me han encontrado culpable de nada —recalcó Samuel.

—Así es —afirmaron.

Además, Samuel dijo al pueblo: —El Señor es quien actuó por medio de Moisés y de Aarón, sacando de Egipto a los antepasados de ustedes. Por lo tanto prepárense, que en presencia del Señor voy a discutir con ustedes acerca de todos los beneficios que él les ha hecho a ustedes y a los antepasados de ustedes. (vv. 5-7, DHH)

Más allá de sus críticas y su mal humor, a Samuel le preocupa la relación de Israel con Dios. Se siente en parte responsable por ella. Durante muchos años, él ha predicado fielmente la Palabra de Dios y todavía no la obedecen. Ahora, él se está retirando. Sus hijos no pueden ocupar su lugar. No habrá otro profeta prominente hasta el reinado de David. Samuel sabe que Saúl está heredando una situación difícil. Será de gran ayuda para el nuevo rey si el pueblo está bien con Dios. Samuel sabe que necesitan un avivamiento. Él va a descansar tranquilo si puede entregarle a Saúl un pueblo arrepentido.

»Y ahora, préstenme atención y observen con sus propios ojos algo grandioso que el Señor va a hacer. Ahora no es tiempo de lluvias sino de cosecha. Sin embargo, voy a invocar al Señor, y él enviará truenos y lluvia; así se darán cuenta de la gran maldad que han cometido ante el Señor al pedir un rey.

Samuel invocó al Señor, y ese mismo día el Señor mandó truenos y lluvia. Todo el pueblo sintió un gran temor ante el Señor y ante Samuel, y le dijeron a Samuel: —Ora al Señor tu Dios por nosotros, tus siervos, para que no nos quite la vida. A todos nuestros pecados hemos añadido la maldad de pedirle un rey. (vv. 16-19)

¿Qué opinas de Samuel invocando el trueno y la lluvia? ¿Fue demasiado sensacional? ¡Definitivamente, fue un paso de fe! ¡Pero Dios honró su petición! Samuel no estaba exaltándose a sí mismo, y ahora Dios tiene la atención del pueblo. Claro, Samuel dejó que sus prejuicios personales afectaran su mensaje. Pero, ¿quién no? Cuando miras más allá de ellos, vemos la gran sabiduría de Samuel y lo que aún podemos hacer hoy para estar bien con Dios. La historia de Israel podría haber sido muy diferente si Saúl y el resto de la nación hubieran seguido lo que Samuel predicó. Básicamente, se trata de lo que debería suceder en la iglesia cada semana, o cuando buscamos a Dios en un tiempo devocional.

- Adoras a Dios, ves su poder revelado o lees la Biblia. Así obtienes una visión fresca de quién es Dios.
- Tienes la oportunidad de humillarte, ser honesto y confesar tu pecado. Pero no termina ahí; Dios te llama al arrepentimiento, a dejar tu pecado, dar la vuelta y seguirlo.
- Dios te enseña una nueva forma de vida, a través de tu propio estudio de la Palabra, la predicación y la enseñanza en la iglesia y la guía de su Espíritu Santo. Entonces, tú tienes que decidir si vas a obedecerlo o no.

Sé asombrado por el poder de Dios

Samuel les recordó su pecado. Los israelitas pensaban que todo estaba bien, pero se habían olvidado de Dios. Ellos habían esperado una bendición de Samuel y un sermón agradable. Luego podrían volver a sus rutinas y seguir haciendo lo que

sienten ganas de hacer. Ellos necesitaban un recordatorio de quién es Dios. Una tormenta mostraría el poder de Dios, vindicaría a Samuel y condenaría a la gente por su ofensa al pedir un rey. Casi nunca llueve en Canaán durante la cosecha, así que la lluvia y el trueno tuvieron el efecto deseado.

Es fácil olvidar que Él es el Creador Todopoderoso y el Señor del Universo, y que nosotros somos su creación pecaminosa. ¿Eres tú como los israelitas, asistiendo a la iglesia de costumbre, en busca de tu bendición? ¿Estás tan ocupado con las actividades de la iglesia que has olvidado quién es Dios? Es fácil pensar que todo está bien cuando en realidad hay fallas graves en tu relación con el Señor. Es posible que Él tenga que despertarte para que veas que es un santo, todopoderoso Dios, y reconozcas la profundidad de tu pecado contra Él. ¿Sientes reverencia o temor de Dios? ¿Cuándo fue la última vez que viste su poder y grandeza? ¿Ha utilizado Dios una señal dramática para llamar tu atención? ¿Necesitas una señal ahora?

Dios está listo para perdonar a los israelitas, pero nunca habían reconocido la forma en que lo rechazaron cuando pidieron un rey. Para tener una relación sana con Dios, necesitas un arrepentimiento genuino.

Arrepentimiento

Al darse cuenta de su error, los israelitas humildemente le piden a Samuel que interceda por ellos. Podríamos esperar que él aproveche la oportunidad para regañarlos de nuevo, pero ahora les da el consejo de un padre. Puede que no sea el mensaje de aliento que Israel esperaba, pero es la verdad, y eso es lo que necesitamos. Puede que no te guste todo lo que la Biblia dice, pero Dios es justo. Él nos ha dado su Palabra para enseñarnos lo bueno y lo malo, y hacer claro lo que espera de nosotros. El problema es que a menudo no queremos obedecerlo.

Si ustedes y el rey que los gobierne temen al Señor su Dios, y le sirven y le obedecen, acatando sus mandatos y manteniéndose fieles a él, ¡magnífico! En cambio, si lo desobedecen y no acatan sus mandatos, él descargará su mano sobre ustedes como la descargó contra sus antepasados. (vv. 14-15)

—No teman —replicó Samuel—. Aunque ustedes han cometido una gran maldad, no se aparten del Señor; más bien, sírvanle de todo corazón. No se alejen de él por seguir a ídolos inútiles, que no los pueden ayudar ni rescatar, pues no sirven para nada. Por amor a su gran nombre, el Señor no rechazará a su pueblo; de hecho él se ha dignado hacerlos a ustedes su propio pueblo. En cuanto a mí, que el Señor me libre de pecar contra él dejando de orar por ustedes. Yo seguiré enseñándoles el camino bueno y recto. Pero los exhorto a temer al Señor y a servirle fielmente y de todo corazón, recordando los grandes beneficios que él ha hecho en favor de ustedes. Si persisten en la maldad, tanto ustedes como su rey serán destruidos. (vv. 20-25)

Habiendo reconocido quién es Dios y que necesitamos su gracia, estamos listos para seguir adelante. Él nos asegura su amor y cuidado, y nos da tres consejos sabios para ayudarnos a prosperar.

Sirve al Señor con todo tu corazón

Ahora que su relación con Dios está bien, pueden servirle. No es suficiente solo creer en Él o servirle de mala gana. Tenemos que servirle con todo el corazón. Por naturaleza, no queremos que nadie nos diga qué hacer. Queremos hacer las cosas a nuestra manera. ¡Por eso, Adán y Eva cayeron! La decisión de caminar en obediencia es esencial para superar nuestra naturaleza rebelde. Ahora Israel tiene un rey, y el rey y el pueblo tienen que seguir a Dios. Esto significa que un rey malvado impactará a toda la nación, y si persisten en hacer el mal, incluso un rey piadoso no los salvará. La historia de Israel está llena de ambas experiencias.

Permanece cerca de Dios

La clave para prosperar es mantenerse cerca de Dios. Hay dos peligros que evitar aquí:

En primer lugar, apartarse de Dios. Algunas personas se desaniman cuando se enfrentan a su pecado y sienten que nunca pueden cumplir con los requisitos de ser cristianos. Pero no importa la gravedad de tu pecado, Dios te recibirá de nuevo. Él te ama y se alegra por tu arrepentimiento. Tú eres su hijo adoptivo y su reputación está en juego. Él no quiere que nadie hable mal de cómo trata a su familia.

El segundo peligro es permitir que los ídolos inútiles te alejen de Dios. Samuel probablemente estaba pensando en imágenes talladas, pero nuestros ídolos son diferentes: dinero, mujeres, fama, casas, carros, internet. Puede ser bueno en sí mismo, pero se convierte en un ídolo y es destructivo e inútil si es más importante que Dios. En lugar de tratar con el pecado y caminar con Dios, la tentación es llenar tu vida con trabajo, mujeres o algún proyecto — por lo general, algo que tú puedes controlar.

No juegues con Dios

Las consecuencias de la desobediencia son graves:

- La mano de Dios estará contra ti. Si alguna vez has experimentado eso, no es divertido. La vida se vuelve miserable. Todo lo que intentas hacer es frustrado.

• Por último, serán destruidos.

Eso no es sólo para Saúl y los israelitas. Eso todavía aplica hoy si te apartas del Señor. ¡No juegues con Dios! Desafortunadamente, aunque hubo triunfos aquí y allá, Israel no pudo tomar estas decisiones simples. Dios tanto quería ayudarlos que envió a su propio Hijo a morir por ellos, ¡y por ti! Es sólo en una relación con Jesús que encuentras el poder y la capacidad para vivir esto. ¡Alabado sea Dios por Jesús! Y Dios no sólo envió a su propio Hijo, también envió el Espíritu Santo para que viviera dentro de ti y te diera el poder de hacer lo correcto.

La responsabilidad del líder

Aunque es su mensaje de despedida, no es el final del ministerio de Samuel. Él va a seguir haciendo dos cosas fundamentales y esenciales para cualquier persona en el liderazgo cristiano:

1. Orar por la gente. Una buena manera de evaluar a un líder es observar su vida de oración. Samuel dice que no orar es pecar contra Dios. Si no has estado orando por tu gente, los estás privando de algo muy importante. Confiesa a Dios esto como un pecado.

2. Enseñarles lo que es bueno y correcto. El líder que no enseña a su pueblo esos principios ha fallado. Demasiados pastores tienen miedo de hacer lo que Samuel hizo aquí: comunicar una palabra fuerte. Dios honrará su palabra. Su iglesia merece la verdad.

¿Necesitas un nuevo encuentro con Dios?

Si tú estás tratando de vivir como un cristiano por tu cuenta, es imposible. No hay nada malo en ti; simplemente, no puedes hacerlo por ti mismo. Tal vez nunca has aceptado a Jesús como Señor y Salvador de tu vida. Nunca has experimentado el poder del Espíritu Santo. Pensaste que podrías hacerlo por tu cuenta, pero Dios te ha convencido de que lo necesitas. Pídele que te perdone y te llene con su Espíritu.

¿Necesitas una nueva visión de Dios? ¿Te has alejado de Él? ¿Te parece extraña la idea de vivir en lo sobrenatural? Tal vez pensaste que todo estaba bien, mientras que en realidad hay cosas en tu vida que no agradan a Dios. Pídele al Espíritu Santo que escudriñe tu corazón. Si es necesario, arrepiéntete. Es hora de tomar en serio la obediencia, buscar a Dios con todo tu corazón y dejar de lado los ídolos inútiles. Dios no te va a rechazar, pero antes de que puedas seguir adelante, tienes que reconocer y sinceramente confesar cualquier pecado.

SEGUNDA PARTE

Preparación para reinar con Cristo

Adán perdió el Edén y fue condenado a trabajo duro por el resto de su vida. Sin embargo, nunca perdió su mandato de reinar, un mandato que se extiende a nosotros hoy. De hecho, a pesar de nuestro pecado, Dios tenía planes para expandir nuestra autoridad:

"Y nos has hecho para nuestro Dios reyes y sacerdotes, y reinaremos sobre la tierra" (Apocalipsis 5:10, RVR).

Sí, ahora *tú* eres un príncipe y sacerdote al servicio de Dios todopoderoso. Exige una formación intensiva, y Dios está usando tus circunstancias actuales para prepararte para reinar en la tierra:

"Ellos serán sacerdotes de Dios y de Cristo, y reinarán con él mil años" (Apocalipsis 20:6, RVR).

Esa autoridad se ampliará aún más. Lo que comenzó con el cuidado de su creación se convierte en participación en el reinado de Cristo por toda la eternidad:

"Y reinarán por los siglos de los siglos" (Apocalipsis 22: 5, RVR).

Eso es increíble. ¿Estás listo? El desafío es mantener tus ojos en ese trono cuando este mundo ofrece tanto que te distrae.

¿La flor de tu vida?

Esta segunda parte de tu vida comienza en los años treinta y se extiende hasta los cincuenta. Si pensamos en tu vida como un día, esta parte es de 9 a 5, la parte más productiva del día. O, en días libres, horas llenas de tiempo en familia, un partido de fútbol con tus amigos o un pasatiempo.

La vida debe ser muy buena. Ya tienes una mujer, hijos, más dinero y más cosas materiales. Con el favor de Dios, ya tienes una fe sólida y estás prosperando en tu vocación. Pero, lamentablemente, a menudo es un tiempo de prueba. Si tú eres como muchos hombres, ya las imperfecciones de tu esposa son más evidentes. Ella pesa más. Ella puede estar muy ocupada con sus hijos o con su carrera. Tú puedes tener luchas con la pornografía y con otras mujeres. Incluso puedes haber hablado (o pensado) en el divorcio. Tus hijos adolescentes ponen a prueba tu paciencia, quebrantan tu corazón y crean conflictos entre tú y tu esposa. Tú también puedes pesar más de lo que quisieras. Aunque estés rodeado de gente, puedes sentirte muy solo. Ya te das cuenta de que tu vida pasa muy rápidamente. Puedes sentirte atrapado en una carrera que no te satisface. Creías que habrías logrado más a esta edad. Es más difícil cambiar y eres más consciente de tus limitaciones. Ya no tienes el lujo de perder oportunidades o cometer grandes errores. Te enfrentas a lo que realmente eres, y no todo es bueno. Todavía es posible hacer algunos ajustes en tu vida espiritual y familiar, aunque cuesta mucho. Quizá la mayoría de los hombres, en lugar de hacer esos ajustes, se acomodan en patrones poco saludables que serán difíciles de romper.

Cuando Saúl empezó esta segunda parte de su vida, finalmente parece que estaba a punto de convertirse en un rey exitoso. Él tiene las promesas y la unción de Dios, y el apoyo de Samuel. La gente lo ama. Él levantó un ejército potente y ganó una batalla importante. Pero en lugar de establecer su reino y usar su autoridad para el bien de la nación, las cosas empiezan a desmoronarse. En lugar de fuerza, vemos cobardía. Las debilidades de Saúl son dolorosamente evidentes, y toma una mala decisión tras otra. Su historia está llena de lecciones sobre lo que puede salir mal en la flor de tu vida.

Capítulo 8

Saúl pierde el reino
1 Samuel 13:1-15

Saúl tenía treinta años cuando comenzó a reinar sobre Israel, y su reinado duró cuarenta y dos años. (v. 1)

Saúl ya tenía al menos varios meses reinando sobre Israel. Entonces, ¿por qué haría la Biblia este tipo de declaración sumaria, que por lo general aparece al principio o al final del reinado de un rey? El autor inspirado nos está dejando saber que este es un punto de inflexión. Es el comienzo de la segunda parte de la vida de Saúl. Tuvo un largo reinado, pero fue más como una larga pena de prisión, marcada por malas decisiones. La historia continúa durante muchos años, pero ya sabes que no puedes ganar. Aquí, al principio, Saúl comete el error que le cuesta el reino. Presta atención, mi hermano: este puede ser un momento de decisión importante para ti. ¿Vas a cometer el mismo error? Muchos hombres lo hacen. ¿O vas a seguir creciendo en tu autoridad real? Tal vez tú has perdido lo que era un ministerio poderoso. Esta experiencia de Saúl puede ayudarte a entender qué salió mal y cómo Dios puede restaurar lo que perdiste. Él se deleita en dar segundas oportunidades. Incluso le dio a Saúl otra oportunidad, pero por favor no hagas lo que hizo Saúl y caigas de nuevo en el mismo error. Aprende de tus errores.

Otra guerra

Una vez más los filisteos se preparan para la guerra. Saúl puede librar a Israel de ellos de una vez para siempre. Acababa de ver el poder de Dios devastar a los amonitas. Pero antes de que comenzara la batalla, cometió un error crítico: *De entre los israelitas, Saúl escogió tres mil soldados; dos mil estaban con él en Micmás y en los montes de Betel, y mil estaban con Jonatán en Guibeá de Benjamín. Al resto del ejército Saúl lo mandó a sus hogares.* (v. 2)

El Espíritu de Dios desempeñó un papel tan decisivo en la última victoria, pero ahora está totalmente ausente. No hay mención de la oración ni de ninguna guía divina. Saúl se mostró muy confiado — engreído — después de su gran victoria en Jabés, y tomó la tonta decisión de enviar a las tropas a casa. Luego, le dio un tercio de los hombres restantes a su joven hijo. Jonatán tenía mucho potencial, pero Saúl nunca proporcionó el liderazgo ni la cobertura que necesitaba, así que, con entusiasmo juvenil, Jonatán actuó por su cuenta. Proporcionar orientación y apoyo a las personas bajo tu autoridad es una parte clave para usar esa autoridad prudentemente.

Poco tiempo después, Jonatán atacó y derrotó la guarnición de los filisteos en Geba. La noticia corrió rápidamente entre los filisteos. Entonces Saúl tocó el cuerno de carnero por toda la tierra, y dijo: «¡Hebreos, escuchen esto! ¡Levántense! ¡Sublévense!». Así que todo Israel oyó la noticia que Saúl había destruido la guarnición filistea en Geba y que ahora los filisteos odiaban a los israelitas más que nunca. Entonces todo el ejército israelita fue llamado para unirse a Saúl en Gilgal. (vv. 3-4, NTV)

El comunicado de prensa erróneamente afirmó que Saúl dirigió el ataque. Aunque el ataque de Jonatán no fue muy prudente, el rey quiere obtener la gloria por cualquier victoria. Jonatán tenía buenas intenciones, pero no hay indicios de que Dios lo estuviera guiando. Con el deterioro de la situación, Saúl pronto se encontró en la incómoda posición de tener que volver a llamar a las tropas que acababa de enviar a casa. Revertir apresuradamente las decisiones que acabas de tomar generalmente no es un signo de buen liderazgo.

Los filisteos también se juntaron para hacerle la guerra a Israel. Contaban con tres mil carros, seis mil jinetes, y un ejército tan numeroso como la arena a la orilla del mar. Avanzaron hacia Micmás, al este de Bet Avén, y allí acamparon. Los israelitas se dieron cuenta de que estaban en aprietos, pues todo el ejército se veía amenazado. Por eso tuvieron que esconderse en las cuevas, en los matorrales, entre las rocas, en las zanjas y en los pozos. Algunos hebreos incluso cruzaron el Jordán para huir al territorio de Gad, en Galaad.

Saúl se había quedado en Guilgal, y todo el ejército que lo acompañaba temblaba de miedo. (vv. 5-7)

Saúl tenía sólo tres mil hombres en ese momento. Fue superado dos a uno (con solo carros) por los filisteos. Los soldados enemigos eran tan numerosos como la arena del mar, una manera bíblica de decir que había demasiados para contar. ¡Por supuesto que los israelitas tenían miedo! ¿Pero esconderse en pozos, cisternas y cuevas? ¿O salir del área por completo? ¡Eso es patético y cobarde! ¡Qué contraste con la audacia de Saúl en Jabés! ¿Dónde está el poder del Espíritu ahora? ¿Qué pasó con el liderazgo de Saúl, que inspiró valentía y atrajo a hombres a seguirlo? ¡Estamos de vuelta al cobarde Saúl escondido en el equipaje!

¿Qué hizo la diferencia?

Algo andaba mal, o sus tropas no estarían temblando de miedo paralizante. Eso definitivamente no es del Espíritu de Dios. ¿Qué pasó con la unción del Espíritu? De hecho, esta vez el Espíritu Santo ni siquiera se menciona. ¿Cómo podrían las cosas cambiar tan dramáticamente, tan rápido? Saúl aún tenía autoridad real dada por Dios. Dios todavía era capaz de derrotar a sus enemigos. Claro, este vasto ejército era intimidante, pero Saúl había visto a Dios reunir y preparar a un ejército poderoso. El único cambio fue en Saúl.

Saúl estaba muy satisfecho después de su gran victoria anterior y descuidó su relación con Dios. No buscó su guía, y tomó decisiones tontas. No estaba preparado para otra batalla, pero Satanás no nos da un descanso. No simplemente se retira cuando lo derrotamos en una batalla. Es un enemigo formidable. Él te ataca aún más fuerte, quitando tu equilibrio con circunstancias abrumadoras. Te desalienta y te llena de temor. Y se dirige contra el líder. Si puede derribar al rey, toda la nación va a sufrir. Por desgracia, Saúl le dio a Satanás la oportunidad perfecta para sembrar temor en las tropas. Como todos nosotros, las debilidades de Saúl eran más evidentes bajo la presión.

Hubiera sido una derrota total para Israel, pero Jonatán audazmente persiguió al enemigo. Israel se había vuelto abominable para los filisteos. ¡Prepárate para una batalla fuerte si te levantas en el poder del Espíritu y entras en el territorio del enemigo!

El error fatal de Saúl

Samuel le ordenó a Saúl que esperara siete días para hacer un sacrificio. Eso desalentó aún más a las tropas y preparó el escenario para un pequeño error que le costaría a Saúl su reino y, finalmente, su vida.

Durante siete días Saúl esperó allí, según las instrucciones de Samuel, pero aun así Samuel no llegaba. Saúl se dio cuenta de que sus tropas habían comenzado a desertar, de modo que ordenó: «¡Tráiganme la ofrenda quemada y las ofrendas de paz!». Y Saúl mismo sacrificó la ofrenda quemada. (vv. 8-9, NTV)

¿Sabes lo que es estar entre la espada y la pared? No importa lo que hagas, está mal. Saúl sintió ese doble vínculo. Por un lado, los filisteos estaban esperando para atacarlo. Por otro lado, sus tropas estaban atemorizadas. Ya han empezado a abandonarlo a causa de la demora. Saúl sabía que necesitaba a Dios y esperaba que Samuel salvara el día y ganara el favor de Dios. ¡Pero a Saúl le parece que Samuel le falló y no llegó a tiempo! ¿Quién sabe qué le pasó? Saúl decide que su única opción es hacer las ofrendas él mismo. No suena tan serio. Él no estaba persiguiendo a otro dios ni entrando en batalla por su propia fuerza. Estaba haciendo ofrendas y buscando a Dios.

Samuel aparece

¡Justo a tiempo! Pues, más o menos: *En el momento en que Saúl terminaba de celebrar el sacrificio, llegó Samuel. Saúl salió a recibirlo, y lo saludó.* (v. 10) ¿Crees que Dios permitió la demora para poner a prueba a Saúl? ¿Podría Dios en este momento estar probando tu disposición a esperar por Él?

Cuando apareció Samuel, Saúl sintió un gran alivio. Todo estaría bien ahora. ¡Por fin su padre espiritual llegó! ¡Samuel estaba allí! Saúl salió corriendo a su encuentro, sin ser consciente de haber hecho algo malo. ¿O solo estaba tratando de lucir bien? Samuel lo supo de inmediato. Es posible que haya visto el humo que subió de la ofrenda.

Pero Samuel preguntó: —¿Qué has hecho?

Saúl le contestó: —Vi que mis hombres me abandonaban, y que tú no llegabas cuando prometiste, y que los filisteos ya están en Micmas, listos para la batalla. Así que dije: "¡Los filisteos están listos para marchar contra nosotros en Gilgal, y yo ni siquiera he pedido ayuda al Señor!". De manera que me vi obligado a ofrecer yo mismo la ofrenda quemada antes de que tú llegaras. (vv. 11-12, NTV)

Saúl es muy parecido a nosotros. Tratamos de cubrirnos y lucir bien. Saúl siempre estaba listo con una excusa, y ésta sonaba bien: "Ay, padre mío, tú no creerías lo malo que estaba. Los filisteos estaban listos para luchar. ¡Y estos hijos de Israel! ¡Estaban abandonándome! Por supuesto, tuve que buscar el favor del Señor antes de ir a la batalla, así que ofrecí el sacrificio."

Sonaba bien, pero algo estaba terriblemente mal. Ya le había asegurado la gracia del Señor. ¿Y por qué esperó tanto tiempo para orar? ¿Por qué tuvo que ofrecer sacrificios? ¿Qué le impidió reunir a sus tropas asustadas para buscar a Dios? ¿Y por qué dijo que estaba "obligado"? ¿Quién le obligó? Ciertamente, no era el Señor.

—¡Qué tontería! —exclamó Samuel—. No obedeciste al mandato que te dio el Señor tu Dios. Si lo hubieras obedecido, el Señor habría establecido tu reinado sobre Israel para siempre. Pero ahora tu reino tiene que terminar, porque el Señor ha buscado a un hombre conforme a su propio corazón. El Señor ya lo ha nombrado para ser líder de su pueblo, porque tú no obedeciste el mandato del Señor. (vv. 13-14, NTV)

Saúl desobedeció a Dios. Él tomó su propia decisión. Las consecuencias de ese acto pequeño fueron drásticas. Saúl pudo haber tenido un reino eterno. El Mesías podría haber salido de su línea familiar. Pero Dios necesitaba a un hombre conforme a su corazón en el liderazgo, especialmente para el primer rey de la nación. Saúl no lo era, y como resultado, el reino le sería quitado.

Y levantándose Samuel, subió de Gilgal a Gabaa de Benjamín. Y Saúl contó la gente que se hallaba con él, como seiscientos hombres. (v. 15, RVR)

Después de haber lanzado esa bomba, Samuel se fue y dejó a Saúl con un ejército desanimado para luchar una batalla importante. Es difícil pelear cuando acabas de recibir malas noticias y no tienes el Espíritu de Dios. Lo primero que hizo Saúl fue contar sus tropas. Más de dos tercios de sus hombres lo habían desertado. Esa escena increíblemente deprimente y desalentadora puede hacerte contemplar el suicidio.

¿Te sientes un poco apenado por Saúl? He conocido a cristianos que me han defraudado y puedo simpatizar con la frustración de Saúl. Él estaba en una situación muy difícil, y parece que su fracaso no es tan grave como el adulterio y el asesinato de David. Dios ni siquiera le dio a Saúl la oportunidad de arrepentirse, como lo hizo a David. Puede parecer que Dios estaba en contra del pobre Saúl, pero si piensas de nuevo en lo que hemos aprendido acerca de él, esta no fue una experiencia aislada.

- Cuando llegó a casa después de saber que sería rey, él optó por no decirle a su tío lo que Dios había hecho.
- Se escondió en el equipaje cuando llegó el momento de ungirlo.
- No sabía cómo hacer frente a la oposición.

Esto fue solo uno de una serie de acontecimientos desafortunados.

Cómo evitar los errores de Saúl y mantener una vida poderosa en el Espíritu

Obedecer

Tú puedes ser probado como Saúl, y Samuel puede parecerte cuando no lo esperas. ¿Te imaginas a Jesús volviendo al mundo en el momento en que decidiste desobedecerlo? Muchos cristianos quieren diseñar su religión y hacer las cosas a su manera, pero la historia de Saúl muestra lo peligroso que es. Saúl estaba buscando el favor de Dios. No parece un pecado tan grave, pero la obediencia es importante para Dios. Tú puedes protestar que somos salvos por la fe y no por las obras, y que Dios entiende nuestras debilidades, y eso es cierto. Pero no cambia lo serio que Dios es acerca de la obediencia. No es opcional. Tenemos que hacer las cosas a su manera.

Ten cuidado de que tu conocimiento supere tu obediencia. ¿Has salido de una conferencia con cuadernos llenos de enseñanzas acerca de la vida cristiana, pero no pones nada en práctica? ¡Eso es peligroso! El difunto pastor británico John Stott escribió que lo principal que impide la plenitud del Espíritu en nuestras vidas es tener demasiado conocimiento. Simplemente, no actuamos según todo el conocimiento que tenemos. Puede ser la razón por la cual los cristianos nuevos, que no saben mucho, frecuentemente experimentan más del Espíritu. Ellos cuidadosamente ponen en práctica lo que aprenden.

Conocer la voluntad de Dios

Si la obediencia es tan importante para Dios, es de suma importancia aprender lo que Él quiere que hagas. Diligentemente estudia la Palabra, busca su dirección en oración y luego hazlo. No pienses que la unción de Dios está garantizada. Mira lo rápido que Saúl la perdió. Puede que no pierdas tu salvación, pero puedes perder la plenitud del Espíritu.

Permanecer en el frente de batalla

Si quieres la unción, quédate en el frente de batalla. Dios nos da su Espíritu para que podamos hacer algo con su poder. Saúl estaba alejándose de la batalla al mismo tiempo que Jonatán estaba entrando en medio de ella. Cuanto más estés en la línea del frente en las batallas espirituales, dando testimonio a la gente y orando por ellos, más experimentarás el Espíritu. Por supuesto, tú puedes sentir el Espíritu en la iglesia o en tu tiempo devocional, pero no se compara con predicar el Evangelio en territorio enemigo o liberar a la gente de sus ataduras.

Vivir con las consecuencias de la desobediencia

¿Cómo pudo Saúl reinar cuarenta y dos años si Dios le estaba quitando el reino? Pasaron varias décadas antes de que se llevase a cabo ese juicio. Vemos su desesperación en muchos puntos. Cuarenta años son mucho tiempo para mantener la apariencia de un reinado sólido. Él cumplió sus deberes, sin la unción del Espíritu. Muchos líderes y pastores cristianos son como Saúl. Tú puedes ser uno de ellos. Han perdido la unción de Dios a través de su desobediencia, pero no están quebrantados ni arrepentidos por su pecado. Ellos intentan mantener la apariencia de un poderoso ministerio durante años, completamente en la carne. Las cosas pueden lucir bien, pero no hay vida y no hay movimiento de Dios.

Dios es serio acerca de la obediencia. ¿Dónde estás en tu obediencia a Él?

- ¿Crees que ya tienes todo lo que necesitas de Dios?

- ¿Eres un poco arrogante o engreído, como Saúl después de esa primera victoria? ¿O eres quebrantado y humilde ante Dios?
- ¿Has desobedecido a Dios y perdido la plenitud de su Espíritu? ¿Es tu respuesta reconocer humildemente el pecado, o tratar de cubrirlo y excusarlo?
- ¿Te enfrentas a batallas con el enemigo, y tú estás derrotado y asustado como Saúl y sus hombres?
- ¿Mantienes un ministerio con tus propias fuerzas? ¿O se ha ido la unción, tal vez sin tu conocimiento?

No pierdas tiempo. Dios te llama. No es demasiado tarde para arrepentirte de tu rebelión y tomar en serio la obediencia. Dios te restaurará, te llenará de su Espíritu y te enviará a la batalla una vez más.

Capítulo 9

Cómo ganar batallas
1 Samuel 13:16-22

Cuando hace buen tiempo, la mayoría de nosotros navegamos bien. Pero en este mundo, las tormentas son garantizadas. Si no planeamos para la tormenta, puedes volverte loco e incluso morir cuando llegue, porque no estás preparado. Tu éxito en las batallas de esta vida depende en gran medida de lo que hiciste de antemano.

Saúl no estaba listo para la batalla y ahora es casi seguro que un desastre le espera:

- Había fracasado como rey.
- Apenas recibió la noticia de que perdería su reino debido a su desobediencia.
- Casi todos, ¡incluso Samuel!, lo abandonaron.

Saúl estaba angustiado y desesperado, pero el enemigo no se retiró. Saúl todavía tenía que luchar contra los filisteos.

Saúl y su hijo Jonatán, junto con sus soldados, se quedaron en Gueba de Benjamín, mientras que los filisteos seguían acampados en Micmás. Del campamento filisteo salió una tropa de asalto dividida en tres grupos: uno de ellos avanzó por el camino de Ofra, hacia el territorio de Súal; otro, por Bet Jorón; y el tercero, por la frontera del valle de Zeboyín, en dirección al desierto.

En todo el territorio de Israel no había un solo herrero, pues los filisteos no permitían que los hebreos se forjaran espadas y lanzas. Por tanto, todo Israel dependía de los filisteos para que les afilaran los arados, los azadones, las hachas y las hoces. Por un arado o un azadón cobraban ocho gramos de plata, y cuatro gramos por una horqueta o un hacha, o por arreglar las aguijadas. Así que ninguno de los soldados israelitas tenía espada o lanza, excepto Saúl y Jonatán. (vv. 16-22)

Tú puedes tener tus dudas acerca de la competencia del gobierno de tu país, pero esto es increíble: los pocos soldados que quedaron van a luchar contra los filisteos, sin armas. ¡Un ejército sin espada o lanza! Qué locura, ¿verdad? Absolutamente, pero nosotros hacemos lo mismo. Entramos en la batalla sin armas, pensando que Dios nos salvará o, de alguna manera, saldremos bien. Muchos pasan por la vida así. Ya sea por falta de preparación o por circunstancias fuera de tu control, la vida es abrumadora. Por supuesto, Dios puede intervenir, pero tu preparación puede hacer la diferencia entre la vida y la muerte. Tu fuerza y recursos pueden agotarse, pero si estás preparado, tú puedes prevalecer. ¿Tienes seguro para tu carro o casa en caso de accidente o catástrofe? Tu preparación para las batallas es tu seguro. No es una falta de fe, sino obediencia a lo que Dios nos manda a hacer en su Palabra. Prepárate ahora para batallas inesperadas. Es demasiado tarde para buscar armas en el día de la batalla. No seas como las vírgenes que fueron a buscar aceite en el último momento (Mateo 25:1-13). He pasado por varios huracanes. Cuando llegan los vientos y la lluvia, es demasiado tarde para cubrir las ventanas y asegurar las puertas. Descubres rápidamente si estás bien preparado o no.

Obediencia: La mejor preparación para la victoria en la batalla

Saúl acaba de perder su reino por desobedecer una orden aparentemente insignificante sobre un sacrificio. La mejor estrategia para una victoria en la batalla es desarrollar un hábito de obediencia escrupulosa. Es simple, pero el concepto es bíblico:

- Dios quiere que triunfes.
- Él sabe todo sobre el enemigo y cómo derrotarlo.
- Si caminas en obediencia a Dios, Él dirigirá tus pasos hacia la victoria.

Tú puedes tener todas las armas, pero si no estás obedeciendo a Dios, no te servirán. Tú puedes leer todos los libros sobre la guerra espiritual y conocer todas las tácticas para derrotar al enemigo, pero si tu vida no está alineada con la Palabra de Dios, no te ayudará mucho. Las armas son peligrosas e ineficaces en las manos de un soldado que no sigue las órdenes. Él tiene que pasar meses en entrenamiento básico para aprender la obediencia a sus superiores. Cuando ellos estén confiados de que obedecerá, le dan armas y le enseñan cómo usarlas. Si tienes un problema con la obediencia, comienza aquí. Es tu fundamento para la victoria en la batalla.

No hagas acuerdos con el enemigo

¿Notaste el acuerdo absurdo que hizo Israel? ¡Tenían un acuerdo no escrito de que los filisteos harían todo su trabajo de herrería! A los israelitas no se les permitió hacerlo, y eso después de años de guerra entre las dos naciones. ¡Los filisteos podrían haber colocado agentes en Israel para denunciar a cualquier herrero ilegal! Saúl no hizo el acuerdo, pero como rey, era responsable de guardar la ley de Dios. Él debe saber cómo se entristece al

Señor al entrar en pactos con una nación pagana: "*Cuando el Señor tu Dios te las haya entregado y tú las hayas derrotado, deberás destruirlas por completo. No harás ningún pacto con ellas, ni les tendrás compasión*" (Deuteronomio 7:2). Eso suena duro, pero Dios siempre tiene un propósito con sus mandamientos, aunque puede no ser obvio de inmediato.

Muchos de nosotros tenemos acuerdos no escritos con el enemigo; arreglos que parecen beneficiosos. Israel aceptó su engaño: "Los filisteos sólo quieren ayudarnos porque no tenemos las herramientas o habilidades necesarias. ¡Incluso nos dan un descuento!" ¡No lo creas! Puede ser la mejor persona. Parece una locura pensar que podrían estar trabajando para el diablo. Probablemente, había buenas amistades entre los judíos y sus herreros filisteos. Olvidaron que ellos adoraban a otro dios y sus líderes los querían muertos. Costará más tiempo y dinero, pero Israel debería haber rechazado la oferta.

Como Saúl estaba aprendiendo, los filisteos eran en realidad los enemigos. La gente más simpática del mundo todavía puede ser utilizada por nuestro enemigo. No quiero decir que estén poseídos por demonios o que no debas tener nada que ver con ellos. Pero si no son parte del reino de Dios, Satanás puede engañarlos y usarlos para lograr sus propósitos, el principal de los cuales es tu destrucción. Cuando intentamos salir de esos acuerdos, Satanás lo hace casi imposible. ¿Recuerdas la prohibición contra un yugo desigual? (2 Corintios 6:14)

¿Qué acuerdos has hecho?

¿Cuáles son algunos de los pactos, acuerdos o alianzas que has hecho con el enemigo? Aquí tienes algunos de los más comunes.

Matrimonio. En la relación más íntima, muchos creyentes entran en yugos desiguales con los incrédulos, lo que resulta en angustia sin fin y se alejan de Cristo. Y no puedes retirarte de este acuerdo. La Biblia no permite el divorcio porque te casaste por error con un incrédulo. Si ella decide irse, tú estás libre de ese compromiso, pero de lo contrario tienes que vivir con las consecuencias de tu decisión.

Negocios. Conocí a muchos hombres que estaban en la cárcel porque hacían negocios con el enemigo. Obviamente, si tienes un negocio, no puedes tratar exclusivamente con los cristianos. Pero cuando haces alianzas con los incrédulos, puedes esperar problemas.

Política. Ten cuidado con la participación en la política y el gobierno. Es posible hacer acuerdos con los filisteos. Israel confió en su enemigo (una nación dedicada a su destrucción) por las necesidades diarias. ¿Somos demasiado dependientes de las dádivas del gobierno? He visto a organizaciones cristianas atadas por todas las reglas de gobierno que deben mantener para recibir sus fondos o aprobación.

Otros han sido atrapados por las drogas y el alcohol. Muchos acuden a los filisteos para su entretenimiento y educación. La dependencia de Israel se convirtió en una debilidad mortal. ¿Cómo estás dependiendo del enemigo? ¿Cómo puedes romper esos acuerdos?

Conoce a tu enemigo

Israel también mostró una ignorancia espantosa respecto a su enemigo. Parecían muy cómodos con este cordial acuerdo con los herreros filisteos. No pensaron en todo el dinero que estaban entregando a su enemigo. No se dieron cuenta de lo peligroso que era no poder fabricar armas.

Mientras tanto, como suele ser el caso, el enemigo era muy astuto, asegurándose de que Israel tuviera que seguir yendo a ellos. Era obvio que Israel no sería una gran amenaza si pudieran mantenerlo dependiente. En las batallas de hoy, el mundo con frecuencia nos engaña. Ellos saben exactamente lo que se necesita para obligar a la gente a depender de ellos, gastando miles de millones en publicidad y en una amplia investigación de mercado. Y, como Israel, estamos contentos de llenar nuestras mentes con sus engaños y no vemos la trampa. Cuando la batalla se vuelve intensa, nos preguntamos por qué estamos perdiendo.

Sé inteligente acerca de tu enemigo. No seas acogedor con él ni con su sistema mundial. Estudia cómo Satanás ha atrapado a la gente en el pasado. Observa el mundo y sus métodos. Conoce sus tácticas para que puedas reconocer el acuerdo que te ofrezca y rechazarlo.

Prepara tus armas

Si tú eres un cristiano, ya estás en el campo de batalla. Asegúrate de que tus armas estén en orden. ¿Qué son? *Las armas con que luchamos no son del mundo, sino que tienen el poder divino para derribar fortalezas. Nuestra lucha no es contra seres humanos, sino contra poderes, contra autoridades, contra potestades que dominan este mundo de tinieblas, contra fuerzas espirituales malignas en las regiones celestiales* (2 Corintios 10:4, Efesios 6:12).

Algunos cristianos llevan las armas del mundo y luchan como el mundo. En el tribunal, utilizan el sistema legal. En el gobierno, usan la política. Si vamos a participar en los tribunales o en el gobierno, tenemos que asegurarnos de que estamos luchando con armas espirituales.

Las armas de nuestra milicia

Hay muchos buenos libros sobre la guerra espiritual, pero quiero mencionar cinco de nuestras armas más importantes:

1. *Oración.* ¿Cómo es tu vida de oración? ¿Vas a perder la batalla porque nunca has aprendido a usar esta arma? Mucho más allá de llevar peticiones a Dios, necesitas la oración de guerra, dirigida por el Espíritu. ¿Estás orando regularmente con otros creyentes?

2. *La Palabra de Dios, la espada del Espíritu.* Tal como Israel corrió a los filisteos para conseguir sus armas, muchos cristianos corren al enemigo por su espada. Sus creencias y cosmovisión están más conformadas por los medios de comunicación y los pensadores brillantes del mundo que por la Biblia. Tú perderás la batalla de esa manera. Una espada colgada en tu pared no te ayudará en el campo de batalla, ni tampoco una Biblia acostada en tu estante. ¿Cuánto de ella realmente está en tu corazón? Estudia la Palabra y proclámala como lo hizo Jesús cuando fue tentado por el enemigo.

3. *Adoración.* Cuando comenzamos a adorar a Dios, el diablo huye. ¿Adoras a Dios en privado? ¿Entras en las alabanzas en tu iglesia? ¿O es el culto solo entretenimiento, una manera de sentirse bien? ¿Estás aprovechando cada oportunidad para adorar a Dios?

4. *Unidad.* Hay un gran poder en los hermanos cuyos corazones se entrelazan. Si el diablo nos puede dividir, puede derrotarnos. La oración unida es particularmente poderosa.

5. *La armadura espiritual en Efesios 6.* Al igual que tú no saldrías de tu casa en ropa interior, no empieces el día sin ponerte tu armadura espiritual.

Saúl hizo una cosa más que era inexcusable. Él y su hijo Jonatán estaban armados, pero descuidó armar a sus tropas. Si tú eres un pastor, esa es tu responsabilidad. No caigas en el pecado de Saúl de estar listo para la batalla, sin equipar a los creyentes bajo tu cuidado.

Ahora es el momento de comenzar a prepararte para la batalla. ¿Dónde has hecho pactos y acuerdos con el enemigo? Rompe esos acuerdos y confía en que Dios proveerá para ti. Alista tus armas. Tú tienes un enemigo que quiere destruirte.

Capítulo 10

Un verdadero hombre de Dios
1 Samuel 14:1-23

L
a derrota de Israel parece garantizada:

- Miles de soldados filisteos bien equipados están cercándolos.
- Los seiscientos soldados israelíes están desarmados, aterrorizados y escondidos en cuevas.
- Su líder y rey (Saúl) está destrozado.

No hay ninguna esperanza para Israel, ¿verdad?

Equivocado. Estamos hablando del pueblo de Dios. Incluso en la situación más desesperada, hay un "pero" con Dios; una oportunidad para que Él haga lo imposible. Él es un Dios de milagros. El hombre que Él usa aquí es el tipo de hombre que Dios necesita hoy. Por casualidad, es el hijo de Saúl, el mismo Jonatán responsable de este problema porque atacó a la guarnición de los filisteos.

Cierto día, Jonatán hijo de Saúl, sin decirle nada a su padre, le ordenó a su escudero: «Ven acá. Vamos a cruzar al otro lado, donde está el destacamento de los filisteos.» Y es que Saúl estaba en las afueras de Guibeá, bajo un granado en Migrón, y tenía con él unos seiscientos hombres. El efod lo llevaba Abías hijo de Ajitob, que era hermano de Icabod, el hijo de Finés y nieto de Elí, sacerdote del Señor en Siló.

Nadie sabía que Jonatán había salido, y para llegar a la guarnición filistea Jonatán tenía que cruzar un paso entre dos peñascos, llamados Bosés y Sene. El primero estaba al norte, frente a Micmás; el otro, al sur, frente a Gueba. Así que Jonatán le dijo a su escudero:

—Vamos a cruzar hacia la guarnición de esos paganos. Espero que el Señor nos ayude, pues para él no es difícil salvarnos, ya sea con muchos o con pocos.

—¡Adelante! —respondió el escudero—. Haga usted todo lo que tenga pensado hacer, que cuenta con todo mi apoyo.

—Bien —dijo Jonatán—; vamos a cruzar hasta donde están ellos, para que nos vean. Si nos dicen: "¡Esperen a que los alcancemos!", ahí nos quedaremos, en vez de avanzar. Pero si nos dicen: "¡Vengan acá!", avanzaremos, pues será señal de que el Señor nos va a dar la victoria.

Así pues, los dos se dejaron ver por la guarnición filistea.

—¡Miren —exclamaron los filisteos—, los hebreos empiezan a salir de las cuevas donde estaban escondidos!

Entonces los soldados de la guarnición les gritaron a Jonatán y a su escudero: —¡Vengan acá! Tenemos algo que decirles.

—Ven conmigo —le dijo Jonatán a su escudero—, porque el Señor le ha dado la victoria a Israel.

Jonatán trepó con pies y manos, seguido por su escudero. A los filisteos que eran derribados por Jonatán, el escudero los remataba. En ese primer encuentro, que tuvo lugar en un espacio reducido, Jonatán y su escudero mataron a unos veinte hombres.
(vv. 1-14)

Me gusta Jonatán. Me identifico con él. Lo llamo "un hombre de verdad". ¿No te gustaría pasar tiempo con él?

Jonatán era un hombre audaz

¡Qué contraste con el ejército israelí oculto, que huyó al otro lado del Jordán, paralizado por el miedo ante esta situación imposible! Jonatán miró a sus paisanos y sabía que no iban a enfrentarse al enemigo. Así que él lo hizo. Él ve la necesidad y el fracaso de su padre, y decide que alguien tiene que actuar. Tenía toda la razón al no decirle nada a su padre: Jonatán sabía que Saúl le prohibiría ir. No solo es Saúl un cobarde, sino que él también impide que los demás actúen con fe. Cuando los hombres valientes quieren levantarse, los cobardes tratan de detenerlos con sus argumentos lógicos.

Hace años, cuando leí sobre el Día D (una batalla clave de la Segunda Guerra Mundial), me sentí abrumado por la emoción: la tristeza por la increíble pérdida de vidas, pero también la valentía. Ese día hubo un coraje y una audacia que rara vez vemos hoy. ¿Tenían miedo los soldados? ¡Por supuesto! Pero había líderes audaces, dispuestos a hacer lo necesario para cambiar el rumbo de la guerra.

El mundo de hoy en día está sufriendo por la falta de hombres audaces. Hoy vemos mucha cobardía, cuando más necesitamos líderes valientes para enfrentar los desafíos de la familia, la iglesia y el gobierno. El enemigo ha tenido éxito en robarnos nuestra masculinidad, haciéndonos débiles, cobardes e ineficaces. Dios te diseñó para tomar la iniciativa e impactar tu mundo con santa osadía, una cualidad esencial del hombre de Dios.

- La audacia se define como valor, osadía y atrevimiento al hablar o actuar. La valentía se define como esfuerzo, vigor y decisión.
- Tres veces Dios le ordenó a Josué que fuera fuerte y valiente (Josué 1).
- Dios hizo a David audaz y fuerte de corazón.
- *"Los perversos huyen aun cuando nadie los persigue, pero los justos son tan valientes como el león"* (Proverbios 28:1, NTV).
- Los creyentes en Hechos 4 le piden a Dios que hablasen la palabra sin temor, con denuedo y valor.

¿Cómo puedes convertirte en un hombre audaz y valiente? Busca a Dios. Cuanto más reflejes la imagen de Dios, más audaz serás.

El mundo piensa del hombre audaz como muy macho, mujeriego, fumando y tomando. Es muy independiente y siempre está listo para pelear y pisotear a todos a su alrededor. Jonatán era un hombre audaz, pero no como esa imagen del hombre del mundo. Fue un denuedo gobernado por el Señor.

Jonatán era un hombre de fe

Tal vez él se hizo muy amigo de David porque su corazón también latía con el corazón de Dios: *"Ven, pasemos a la guarnición de estos incircuncisos; quizá haga algo Jehová por nosotros, pues no es difícil para Jehová salvar con muchos o con pocos."* La reputación de Dios estaba en juego, y él sabía que Dios quiere revelar su poder salvador.

La fe se demuestra al ir a un lugar donde Dios puede usarte, donde la fe se combina con santa osadía. La fe está dispuesta a ser vulnerable y tomar riesgos, confiando en que Dios te va a usar y proteger. La falta de fe puede impedir que hables con tu vecino sobre Cristo o que ores por la sanación de alguien, en caso de que no se sane y tú parezcas estúpido.

La fe es ver las cosas desde la perspectiva de Dios: *"Para Dios no es difícil salvarnos, ya sea con muchos o con pocos."* ¿Tienes esa fe para la salvación de tu familia? ¿Puedes decir con Jeremías: *"Oh Señor Jehová! he aquí que tú hiciste el cielo y la tierra con tu gran poder, y con tu brazo extendido, ni hay nada que sea difícil para ti?"* (Jeremías 32:17, RVR) ¿O sólo ves los obstáculos? La fe es consciente de ellos, pero también es consciente de un Dios mucho más grande. La fe tiene una clara comprensión de quiénes somos en Cristo y quién es nuestro enemigo. La fe nos da la confianza de que Dios está con nosotros.

La fe también incluye buscar a Dios y confiar en que Él te guiará. No pongas a Dios a prueba. No recomiendo buscar una señal como lo hizo Jonatán, pero la fe confía en que Dios te apoyará cuando des un paso de fe. Jonatán se puso a disposición de Dios, confiando en que Él haría un milagro si era su voluntad. También creía que Dios lo protegería si no sucediera. Lo que Jonatán hizo fue muy diferente de la presunción que hoy se llama fe. Él no salió "declarando" la victoria y exigiendo que Dios hiciera lo que él quería que hiciera. La fe se somete a Dios y lo espera con confianza para mostrarle el camino. Cuando Dios confirmó su dirección, Jonatán estuvo listo para obedecer.

Dios está buscando a hombres que combinen la audacia con la fe, que vean los desafíos y los campos de batalla como oportunidades para que Él trabaje. Dios puede usar a un solo hombre, completamente entregado a Él, cuya pasión masculina está dirigida por una relación dinámica con su Creador. Tenemos que escapar de la mentalidad "más grande es mejor". La fe, como una semilla de mostaza, puede mover montañas. Un hombre valiente y listo para salir con fe puede cambiar el mundo. Pero para hacer eso, ese hombre necesita dos cualidades más.

Jonatán tenía amistades genuinas

Los hombres audaces pueden ser individualistas, y los hombres de fe a menudo luchan en las relaciones. Pero las amistades cercanas son parte del plan de Dios para nosotros. El hombre de Dios, como Jonatán, sabe cómo compartir su corazón y su vida con los demás. Él se acercó a otros hombres y ellos respondieron. Él ya había elegido un escudero y ahora se embarcaron juntos en esta aventura. Pero era algo más que una relación de trabajo. El escudero dice: *"Yo estoy contigo en cuerpo y alma."* ¿Te gustaría escuchar esas palabras de un amigo? ¿Alguna vez has tenido esa clase de amigo?

La verdadera masculinidad, como la de Jonatán, atrae a otros: a mujeres, sí, pero también a otros hombres. Esas relaciones profundas alientan nuestra valentía. Un hombre de Dios comparte su corazón e inspira compromiso. Los hombres cuyos corazones están unidos tendrán un impacto en nuestro mundo.

Jonatán quería glorificar a Dios

Un hombre de Dios está preocupado por el nombre y la gloria de Dios. El hombre que busca su propia gloria no puede ser usado por Dios.

Hay pocos hombres con estas cuatro cualidades: audacia, fe, buenas amistades y celos por la gloria de Dios. De todo el ejército de Israel, Jonatán parece ser el único "hombre de verdad". Es probable que tú no encuentres muchos como él. El pecado nos ha marcado profundamente. Pero cuando te encuentres con un hombre como Jonatán, acércate a él, trabaja con él, dale tu apoyo y aprende de él.

Esta experiencia no está fuera de tu alcance. Dios te hizo hombre y Él quiere que seas plenamente hombre. Deja que el ejemplo y la fuerza de Jonatán te alienten.

¿Y dónde estaba Saúl?

¡Qué contraste entre la cobardía del padre y la masculinidad piadosa de su hijo! A pesar de Saúl, Jonatán salvó a Israel ese día.

Mientras tanto, Saúl y sus seiscientos hombres acamparon en las afueras de Guibeá alrededor del árbol de granadas de Migrón. Entre los hombres de Saúl estaba Ahías, el sacerdote, que vestía el efod, el chaleco sacerdotal. Ahías era hijo de Ahitob, hermano de Icabod, hijo de Finees, hijo de Elí, sacerdote del Señor que había servido en Silo.

Nadie se dio cuenta de que Jonatán había dejado el campamento israelita. (vv. 2-3, NTV)

Como hemos visto, Dios usó a Jonatán para llenar a los filisteos de pánico. Cuando nosotros hacemos nuestra parte (tal vez el 10% del trabajo), Dios se levanta y hace el 90%.

Cundió entonces el pánico en el campamento filisteo y entre el ejército que estaba en el campo abierto. Todos ellos se acobardaron, incluso los soldados de la guarnición y las tropas de asalto. Hasta la tierra tembló, y hubo un pánico extraordinario. Desde Guibeá de Benjamín, los centinelas de Saúl podían ver que el campamento huía en desbandada. Saúl dijo entonces a sus soldados: «Pasen revista, a ver quién de los nuestros falta.» Así lo hicieron, y resultó que faltaban Jonatán y su escudero.

Entonces Saúl le pidió a Ahías que trajera el arca de Dios. (En aquel tiempo el arca estaba con los israelitas.) Pero mientras hablaban, el desconcierto en el campo filisteo se hizo peor, así que Saúl le dijo al sacerdote: «¡No lo hagas!»

En seguida Saúl reunió a su ejército, y todos juntos se lanzaron a la batalla. Era tal la confusión entre los filisteos, que se mataban unos a otros. Además, los hebreos que hacía tiempo se habían unido a los filisteos, y que estaban con ellos en el campamento, se pasaron a las filas de los israelitas que estaban con Saúl y Jonatán. Y los israelitas que se habían escondido en los montes de Efraín, al oír que los filisteos huían, se unieron a la batalla para perseguirlos. Así libró el Señor a Israel aquel día, y la batalla se extendió más allá de Bet Avén. (vv. 15-23)

Con valentía y fe, Jonatán fue a la batalla. Vemos ahora que algunos judíos habían abandonado al ejército de Israel y se habían unido a los filisteos, pero el ejemplo de Jonatán los anima a volver al ejército de Israel. Otros que se habían escondido también vuelven a la batalla. Cuando un verdadero hombre de Dios se levanta en fe y valor, los hombres que se apartaron del Señor o se retiraron volverán a la batalla.

¿Y Saúl? ¡Estaba sentado bajo un árbol de granadas! ¿Qué estaba haciendo allí cuando su ejército estaba a punto de ser devastado?

Saúl está desconectado de su mundo

Muchos hombres están sentados bajo los árboles de granadas, en lugar de impactar poderosamente su mundo. El enemigo viene contra su matrimonio, su familia, su iglesia y su país, y ellos están en casa, pegados a Internet o a la televisión. Están paralizados, desperdiciando sus vidas y alejándose de sus esposas, familias y amigos. Es una fuerte tentación. ¡Resístela! Si tú has caído preso de esa parálisis, arrepiéntete, levántate y muévete. Busca a un Jonatán y haz guerra junto con él.

Saúl tenía una religión retorcida

Aquí hay dos historias completamente diferentes. No es por casualidad que nadie notara que Jonatán se había ido. Estaban en mundos tan diferentes que ni siquiera sabían lo que Jonatán hizo. Dios estaba en el campo de batalla con Jonatán y su escudero. Dios envió el pánico a los filisteos y rescató a Israel. Saúl vio la acción desde lejos, buscando una explicación de lo que Dios estaba haciendo y averiguando quién había dejado el campamento. No podía creer que uno de sus hombres fuera responsable de esta gran victoria.

Saúl estaba rodeado de hombres "religiosos" que formaban parte del sacerdocio institucionalizado. Ahías llevaba un efod, el manto sacerdotal. Los sacerdotes con él eran los nietos perversos de Elí. Para cubrir todas las bases, Saúl pidió el arca. El pánico en el campamento de los filisteos era cada vez mayor y Saúl estaba perdiendo tiempo precioso. Estaba demasiado ocupado siendo religioso para involucrarse en lo que Dios estaba haciendo. Él todavía estaba preparándose, mientras Dios ya estaba peleando la batalla.

Muchos hombres se esconden hoy en las iglesias, discutiendo teología, profecías o el programa para el domingo. Están perdidos en una religión muerta, mientras Dios trabaja. Están buscando una explicación teológica adecuada, mientras Dios derrota al enemigo. Ellos recuerdan con cariño los "días de gloria" de la iglesia, mientras Dios se mueve en otros lugares. Siempre se preparan para la batalla, aunque Dios ya les ha dado la victoria, si solamente se levantan y hacen algo.

Saúl es el ejemplo perfecto del hombre castrado. ¿Quieres perder tu virilidad? Entonces, sigue el camino de la desobediencia y usa la religión para tu propio beneficio, como

Saúl. Céntrate en ti mismo y en tu reputación, tu apariencia y tus habilidades, o la falta de ellas. En cierto modo, es el camino más fácil, pero mucho menos gratificante.

Las diferencias entre padre e hijo son increíbles. ¡Es alentador saber que puedes tener a un padre como Saúl y, aun así, salir bien! ¡O ser un mal padre como Saúl y tener un hijo maravilloso! Nuestras almas anhelan ser como Jonatán: un hombre de audacia y fe; un buen amigo y fiel. Un hombre que transforma su mundo y se mueve en poder y fuerza para la gloria de Dios. Acércate a Jesús, el mejor modelo de virilidad. Cuanto más se restaure en ti su imagen, más vivo te sentirás como hombre. ¿Qué clase de hombre quieres ser?

Capítulo 11

Un caso de machismo exagerado
1 Samuel 14:24-52

L leno del Espíritu de Dios, Jonatán atacó valientemente al enemigo. Su padre, espiritualmente vacío, estaba sentado debajo de un árbol de granadas. Estaba desconectado de la realidad y enfrentaba un desastre seguro en la batalla con los filisteos. Hombres desesperados y fuera de control a menudo demuestran una bravuconería machista.

Los israelitas desfallecían de hambre, pues Saúl había puesto al ejército bajo este juramento: «¡Maldito el que coma algo antes del anochecer, antes de que pueda vengarme de mis enemigos!» Así que aquel día ninguno de los soldados había probado bocado. (v. 24)

Un juramento insensato

Saúl obviamente no fue responsable de la victoria de Jonatán, pero de alguna manera lo hizo sentir poderoso y lo dejó con ganas de más. Resulta que tontamente obligó a sus tropas a ayunar con este juramento. Dios puede llamar al ayuno, pero esto no tenía nada que ver con Dios y ciertamente no era una estrategia típica de batalla. Se trataba de Saúl. Las tropas no pudieron comer *"antes de que pueda vengarme de mis enemigos"*. La batalla con los filisteos se había convertido en algo personal. Después de tantos fracasos, Saúl estaba decidido a demostrar su valor: ¡Él todavía era el rey! Él mostraría su fuerza con un ayuno y obligaría a sus tropas a ayunar, sin pensar en su bienestar.

La necedad de su decisión se revela en su fruto. Los hombres quedaron agotados, desfalleciendo de hambre y con temor del juramento. ¿Así es como se prepara un ejército para la batalla? ¿No es sentido común que las tropas estén bien alimentadas? ¿No quiere que se sientan bien y seguros, en lugar de estar bajo la amenaza de una maldición?

La provisión milagrosa de Dios

Mientras Saúl retuvo la comida, Dios milagrosamente la proporcionó: *Al llegar a un bosque, notaron que había miel en el suelo. Cuando el ejército entró en el bosque, vieron que la miel corría como agua, pero por miedo al juramento nadie se atrevió a probarla.* (vv. 25-26)

Imagínate a estos hombres, muriendo de hambre, y viendo toda esta rica miel. ¡Pero no pudieron tocarla! Líderes inseguros y arrogantes que se jactan, como Saúl, lastiman a la misma gente que deben cuidar, ocultando su debilidad por el acaparamiento de cualquier poder y control que puedan conseguir. No están pensando bien, así que las cosas pueden ponerse feas y aterradoras. Hoy en día hay demasiadas mujeres y niños que han sufrido la inseguridad de un esposo o padre. Tal vez tú también hayas sufrido bajo un jefe inseguro.

Jonatán rompe el juramento

Mientras su padre hace el tonto de sí mismo, ¿qué está haciendo nuestro hombre Jonatán?

Sin embargo, Jonatán, que no había oído a su padre poner al ejército bajo juramento, alargó la vara que llevaba en la mano, hundió la punta en un panal de miel, y se la llevó a la boca. En seguida se le iluminó el rostro. Pero uno de los soldados le advirtió:

—Tu padre puso al ejército bajo un juramento solemne, diciendo: "¡Maldito el que coma algo hoy!" Y por eso los soldados desfallecen.

—Mi padre le ha causado un gran daño al país —respondió Jonatán—. Miren cómo me volvió el color al rostro cuando probé un poco de esta miel. ¡Imagínense si todo el ejército hubiera comido del botín que se le arrebató al enemigo! ¡Cuánto mayor habría sido el estrago causado a los filisteos! (vv. 27-30)

¿No crees que Dios arregló esto deliberadamente? ¡Probablemente se estaba riendo! Jonatán estaba en el campo de batalla. No sabía nada acerca de esta prohibición. Vio la miel, la comió y fue revivido de inmediato. Jonatán tuvo el valor de decir lo que las tropas ya sabían: su padre no estaba considerando lo que era mejor para ellos o para la nación. Si no estuvieran tan hambrientos, la victoria habría sido mucho mayor. ¿Deshonró Jonatán a su padre y a su rey? Nunca fue reprendido por lo que hizo. ¿Hasta qué punto honramos a nuestros padres o a alguien en autoridad? Si están en pecado, ¿estamos obligados a obedecerlos? ¿O también los honramos diciéndoles la verdad?

Mientras tanto, las cosas iban de mal en peor para el ejército hambriento:

Aquel día los israelitas mataron filisteos desde Micmás hasta Ayalón. Y como los soldados estaban exhaustos, echaron mano del botín. Agarraron ovejas, vacas y terneros, los degollaron sobre el suelo, y se comieron la carne con todo y sangre. Entonces le contaron a Saúl:

—Los soldados están pecando contra el Señor, pues están comiendo carne junto con la sangre.

—*¡Son unos traidores!* —*replicó Saúl*—. *Hagan rodar una piedra grande, y tráiganmela ahora mismo.*

También les dijo: —*Vayan y díganle a la gente que cada uno me traiga su toro o su oveja para degollarlos y comerlos aquí; y que no coman ya carne junto con la sangre, para que no pequen contra el Señor.*

Esa misma noche cada uno llevó su toro, y lo degollaron allí. Luego Saúl construyó un altar al Señor. Éste fue el primer altar que levantó. Y dijo:

—*Vayamos esta noche tras los filisteos. Antes de que amanezca, quitémosles todo lo que tienen y no dejemos a nadie con vida.*

—*Haz lo que te parezca mejor* —*le respondieron.*

—*Primero debemos consultar a Dios* —*intervino el sacerdote.*

Saúl entonces le preguntó a Dios: «¿Debo perseguir a los filisteos? ¿Los entregarás en manos de Israel?» Pero Dios no le respondió aquel día. (vv. 31-37)

Saúl viene al rescate

Algo está mal. Dios no está hablando y Saúl está alarmado. Debido a que los hombres hicieron este tonto juramento de no comer nada, terminan quebrantando la ley que realmente importa y pecan contra Dios. Nunca habría sucedido si hubieran comido. Cuando tú dedicas tu energía a reglas onerosas hechas por hombres y quitas los placeres legítimos de tu vida, correrás el riesgo de sufrir tentaciones más graves. Ten cuidado con las reglas que parecen espirituales, pero se basan en orgullo o control, en lugar de las Escrituras.

Apenas unos días atrás, Saúl fue severamente castigado por su desobediencia. Ahora él viene al rescate como el gran defensor de la ley. Para reforzar su imagen como un gigante espiritual, Saúl construye un altar al Señor, dándole gracias por la victoria. Suena bien, pero presta atención a los mensajes sutiles que los escritores ponen en la Biblia; algunas palabras pueden comunicar mucho: ¡Este fue el *primer* altar que Saúl levantó! ¿Qué pasó después de su gran victoria sobre los amonitas en el capítulo 11? ¿No construyó un altar cuando fue ungido rey? ¿O un altar de arrepentimiento cuando Dios lo juzgó? ¿Por qué esperó hasta ahora? ¿Había experimentado un despertar espiritual? ¿Realmente estaba agradecido a Dios?

Saúl probó sangre y quería más. Está en una buena racha y quiere asegurarse de la bendición de Dios. Al igual que con el ayuno, un altar parece lo correcto, aunque Saúl no tenía ninguna intención de buscar a Dios allí. Saúl ya había hecho sus planes. El sacerdote debía sugerir que se consultara al Señor antes de esta gran batalla. No es sorprendente que Dios no respondiera cuando Saúl finalmente oró, porque el rey no tenía una relación con Dios. Pero de alguna manera, él sabía que era pecado, lo cual bloqueaba la respuesta de Dios.

Así que Saúl dijo: —Todos ustedes, jefes del ejército, acérquense y averigüen cuál es el pecado que se ha cometido hoy. ¡El Señor y Salvador de Israel me es testigo de que, aun si el culpable es mi hijo Jonatán, morirá sin remedio!

Nadie se atrevió a decirle nada. Les dijo entonces a todos los israelitas: —Pónganse ustedes de un lado, y yo y mi hijo Jonatán nos pondremos del otro.

—Haz lo que te parezca mejor —respondieron ellos.

Luego le rogó Saúl al Señor, Dios de Israel, que le diera una respuesta clara. La suerte cayó sobre Jonatán y Saúl, de modo que los demás quedaron libres. Entonces dijo Saúl: —Echen suertes entre mi hijo Jonatán y yo.

Y la suerte cayó sobre Jonatán. (vv. 38-42)

Ojalá Saúl aprendiera algo de sus errores, pero no. Él mantiene la apariencia de fuerza con otro juramento tonto. Por supuesto, Saúl no sabe que fue su hijo quien quebrantó el primer juramento, pero los soldados lo saben. Ellos no iban a traicionar a Jonatán, pero ahora Dios contestó la oración de Saúl, señalando a su hijo. Nunca he estado muy seguro de por qué Dios honró echando suertes, pero a menudo lo hizo, y esta vez la suerte cayó sobre Jonatán.

Saúl le dijo: —Cuéntame lo que has hecho.

—Es verdad que probé un poco de miel con la punta de mi vara —respondió Jonatán—. ¿Y por eso tengo que morir?

—Jonatán, si tú no mueres, ¡que Dios me castigue sin piedad! —exclamó Saúl.

Los soldados le replicaron: —¡Cómo va a morir Jonatán, siendo que le ha dado esta gran victoria a Israel! ¡Jamás! Tan cierto como que el Señor vive, que ni un pelo de su cabeza caerá al suelo, pues con la ayuda de Dios hizo esta proeza.

Así libraron a Jonatán de la muerte. Saúl, a su vez, dejó de perseguir a los filisteos, los cuales regresaron a su tierra. (vv. 43-46)

¡Mira la perversidad de Saúl! Para salvar la cara y mantener la apariencia de fuerza, estaría dispuesto a matar a su propio hijo. Saúl estaba dispuesto a sacrificar a su familia por su orgullo.

¿Has conocido a padres que están celosos del éxito de sus hijos? ¿Tal vez tu papá? ¿O tú? Es bastante común. Saúl estaba tan absorto en sí mismo que en lugar de regocijarse por el éxito y la virilidad de su hijo, lo iba a matar. Pero sus tropas habían soportado mucho y se amotinarían antes de permitir eso. Saúl se vio obligado a retroceder y la vida de Jonatán se salvó. Pero en lugar de reconocer sus malas decisiones y retirarse con gracia, Saúl se mantuvo firme, aun a costa de parecer un idiota y perder el respeto del ejército. Tuvo que abandonar sus grandes planes de matar a todos los filisteos, los cuales volvieron a casa muy vivos. Si hubiera sido más sabio, los habría derrotado de una vez, pero ahora va a experimentar una guerra amarga con ellos por el resto de su vida.

Un gran despliegue de machismo no es la verdadera fuerza y no engaña a nadie. Es feo y te hace quedar mal. No construyas altares para mantener las apariencias. No permitas que tu orgullo y problemas personales perjudiquen tu relación con tu familia. No caigas en la trampa de un legalismo que supuestamente demuestra tu fuerza y espiritualidad. Ten cuidado con las declaraciones que hagas. He escuchado a pastores declarar muchas cosas en un momento de fervor espiritual, pero luego se avergüenzan cuando no suceden. Esas declaraciones suenan impresionantes, pero pueden no tener nada que ver con Dios. Sé real y no tengas miedo de reconocer tus errores.

¿Gala de valor?

Sorprendentemente, el capítulo termina con una nota positiva:

Después de consolidar su reinado sobre Israel, Saúl luchó contra todos los enemigos que lo rodeaban, incluso contra los moabitas, los amonitas, los edomitas, los reyes de Sobá y los filisteos; y a todos los vencía haciendo gala de valor. También derrotó a los amalecitas y libró a Israel de quienes lo saqueaban.

Durante todo el reinado de Saúl se luchó sin cuartel contra los filisteos. Por eso, siempre que Saúl veía a alguien fuerte y valiente, lo alistaba en su ejército. (vv. 47-48, 52)

De alguna manera, Saúl se convirtió en un guerrero valiente —o al menos pudo detectar hombres fuertes y valientes, y atraerlos a su servicio, porque Saúl no era particularmente valiente ni poderoso. A pesar de sus errores, su reinado duró muchos años más. Quizás aprendió de sus fracasos y finalmente se convirtió en un rey exitoso.

Capítulo 12

Una última oportunidad para redimirse

1 Samuel 15:1-35

Dios es misericordioso y muy paciente con nosotros. Está claro que Saúl no merece otra oportunidad. Ya recibió su sentencia: va a perder su reino. Pero Dios nos ama tanto que nos da muchas oportunidades. Aquí, Él envía a Samuel con una nueva tarea para Saúl. El rey está en apuros, pero esto le ofrece la oportunidad de reflexionar y cambiar.

Después Samuel dijo a Saúl: Jehová me envió a que te ungiese por rey sobre su pueblo Israel; ahora, pues, está atento a las palabras de Jehová. (v. 1, RVR)

Éste es un saludo extraño para un padre espiritual a su hijo. No creo que Saúl hubiera olvidado quién era Samuel, pero Samuel quería recordarle el papel importante que había desempeñado en su vida: Él instaló a Saúl en el trono y trajo la noticia del juicio de Dios. Samuel sabe que Saúl no está escuchando muy bien la voz del Señor. Él quiere enfatizar la importancia de esta tarea. Es una cuestión de vida o muerte para Saúl.

«Así dice el Señor Todopoderoso: "He decidido castigar a los amalecitas por lo que le hicieron a Israel, pues no lo dejaron pasar cuando salía de Egipto. Así que ve y ataca a los amalecitas ahora mismo. Destruye por completo todo lo que les pertenezca; no les tengas compasión. Mátalos a todos, hombres y mujeres, niños y recién nacidos, toros y ovejas, camellos y asnos." » (vv. 2-3)

La tarea

Durante muchos años, Dios quería juzgar a Amalec. Los amalecitas atacaron a Israel en su camino desde Egipto. Ese día, Dios dijo: *«Yo borraré por completo, bajo el cielo, todo rastro de los amalecitas.»* Y Moisés añadió: *«¡La guerra del Señor contra Amalec será de generación en generación!»* (Éxodo 17:14-15) Puede ser que los amalecitas hayan oído hablar de esta maldición, pero pasaron muchos años y Dios no había hecho nada, y los amalecitas decidieron que era una amenaza vacía. Pero Dios no olvida. Él solo estaba esperando el momento adecuado y al hombre adecuado. Parece un triunfo garantizado para Saúl. Él sabe exactamente qué hacer y ciertamente Dios le dará la victoria.

Has clamado a Dios junto al salmista: "¿Hasta cuándo, Señor?" (Salmo 13). Tú puedes sentirte tentado a tomar las cosas con tus propias manos y vengarte de quienes te han ofendido a ti o al Señor. A veces, Dios parece lento para cumplir sus promesas, pero Él sabe lo que está haciendo. Cuando Él quiere que hagas algo, te hará saberlo.

- ¿Te ha dado una misión?
- ¿Te está probando?
- ¿Te encuentras en una batalla en este momento?
- ¿Es tu propia creación o es de Dios?

Si Dios te envió en una misión, ¡Él estará contigo!

¡Saúl destruye completamente a los amalecitas!

Saúl reunió al ejército y le pasó revista en Telayin: eran doscientos mil soldados de infantería más diez mil soldados de Judá. Luego se dirigió a la ciudad de Amalec y tendió una emboscada en el barranco. Los quenitas se apartaron de los amalecitas, pues Saúl les dijo: «¡Váyanse de aquí! Salgan y apártense de los amalecitas. Ustedes fueron bondadosos con todos los israelitas cuando ellos salieron de Egipto. Así que no quiero destruirlos a ustedes junto con ellos.»

Saúl atacó a los amalecitas desde Javilá hasta Sur, que está cerca de la frontera de Egipto. A Agag, rey de Amalec, lo capturó vivo, pero a todos los habitantes los mató a filo de espada. (vv. 4-8)

¡Qué gran comienzo! Esta vez, Saúl está bien preparado, con un ejército de 210,000 soldados. Él cuidadosamente advirtió a todos los extranjeros que abandonaran el país, ya que estaba decidido a matar a todos. El rey es capturado y todo el pueblo es destruido. ¿Ha aprendido Saúl de sus errores? ¿Al fin él hace algo bien?

Pero... de repente, la escena cambia. Ese "pero" en la obediencia puede ser desastroso.

El "pero" que destruyó a Saúl

Pero Saúl y el pueblo perdonaron a Agag, y a lo mejor de las ovejas y del ganado mayor, de los animales engordados, de los carneros y de todo lo bueno, y no lo quisieron destruir; mas todo lo que era vil y despreciable destruyeron. (v. 9, RVR)

¿Qué están pensando? ¿Olvidaron lo que dijo Dios? Ellos hacen lo que tiene sentido para ellos: destruir lo que es débil y despreciado, pero preservar lo que es bueno. Aplicamos nuestro razonamiento a la palabra de Dios: "Esos pobres corderos. Son especímenes perfectos. Simplemente, no podemos destruirlos. Además, ¡podemos sacrificarlos a Dios!"

Nos deshacemos de las cosas débiles y despreciadas, y nos sentimos bien. Pero nos aferramos a lo que el mundo dice que es bueno, y desobedecemos a Dios. Saúl tenía la responsabilidad, como rey, de garantizar que todo se hiciera de acuerdo con la orden de Dios, pero él participó en el pecado de su ejército.

Ésta no era la primera vez que Israel desobedeció la orden de Dios de destruir todo. Saúl debía conocer el pecado de Acán, que trajo la derrota a la nación después de la caída de los muros de Jericó (Josué 7). Israel fue afligido durante siglos por la gente que no pudo destruir cuando entró en la tierra prometida. Dios nos manda destruir a todos los enemigos en nuestras vidas, pero por lo general no lo hacemos y terminamos luchando contra ellos durante muchos años. ¿Hay algunas "vacas sagradas" en tu vida?

Samuel se enfrenta a Saúl

Luego el Señor le dijo a Samuel: «Lamento haber hecho a Saúl rey, porque no me ha sido leal y se ha negado a obedecer mi mandato». Al oírlo, Samuel se conmovió tanto que clamó al Señor durante toda la noche. (vv. 10-11, NTV)

Justo cuando parecía que Saúl estaba haciendo bien, desobedeció y se apartó del Señor. Él es totalmente egocéntrico y preocupado por su propia importancia. El mensaje que Samuel recibió de Dios fue tan fuerte que el profeta pasó la noche clamando al Señor. ¿Estás dispuesto a perder una noche de sueño para interceder por alguien en rebelión? Samuel estuvo con Saúl desde el principio y vio sus fracasos, pero todavía no podía renunciar a Saúl. ¿Sabes lo que es estar conmovido por todo el pecado y los problemas que ves a tu alrededor? Ruego a Dios que Él nunca tenga que lamentarse por tu desobediencia, por tu potencial perdido o por el fracaso de tu vocación. Eso es trágico y aterrador si tienes algún temor de Dios.

Un monumento en su propio honor

Temprano a la mañana siguiente Samuel fue a buscar a Saúl. Alguien le dijo: «Saúl fue a la ciudad de Carmelo a levantar un monumento en su propio honor y después continuó a Gilgal». (v. 12, NTV)

Después de su victoria en 1 Samuel 14, Saúl levantó un altar al Señor, pero ahora se revela su verdadero corazón. Mientras Dios lamentaba su pecado y su desobediencia, Saúl fue a erigir un monumento en su propio honor. Al parecer, estaba tan alejado del Señor que podía desobedecer órdenes claras y pensar que lo hacía muy bien. Y nosotros, hoy en la iglesia, ¿construimos monumentos en nuestro propio honor? ¿Una escuela? ¿Un nuevo templo? ¿Un ministerio? ¡Que Dios nos libre de tal arrogancia!

Cansado y agobiado, Samuel alcanza a Saúl al final del día. Con orgullo y alegría, Saúl sale a recibirlo:

Cuando por fin Samuel lo encontró, Saúl lo saludó con alegría. —Que el Señor te bendiga —le dijo—. Llevé a cabo el mandato del Señor. (v. 13, NTV)

¿Estaba mintiendo, o estaba tan engañado que realmente pensó que había hecho todo bien? He conocido a muchos cristianos envueltos en sí mismos y ciegos a la realidad, confiados en que eran el hombre de Dios para ese momento.

Balidos de oveja y mugidos de vaca

—Y entonces, ¿qué significan esos balidos de oveja que me parece oír? —le reclamó Samuel—. ¿Y cómo es que oigo mugidos de vaca?

—*Son las que nuestras tropas trajeron del país de Amalec* — *respondió Saúl*—. *Dejaron con vida a las mejores ovejas y vacas para ofrecerlas al Señor tu Dios, pero todo lo demás lo destruimos.* (vv. 14-15)

Solo había un pequeño problema con la historia de Saúl: los balidos de oveja y los mugidos de vaca. ¡Las mismas que Saúl tuvo que destruir! Saúl tenía la excusa perfecta, e incluso espiritual: ¡Iban a ofrecérselas al Señor! Tal vez Saúl creyó que esto agradaría a Dios. Conozco a muchos cristianos que aceptarían esta explicación. Suena bien, si tú no te tomas en serio la palabra de Dios y crees que hay lugar para modificar sus órdenes para tu propia conveniencia. Pero esto es demasiado para Samuel:

¡*Basta!* —*lo interrumpió Samuel*—. *Voy a comunicarte lo que el Señor me dijo anoche.*

—*Te escucho* —*respondió Saúl.*

Entonces Samuel le dijo: —¿*No es cierto que, aunque te creías poca cosa, has llegado a ser jefe de las tribus de Israel? ¿No fue el Señor quien te ungió como rey de Israel, y te envió a cumplir una misión? Él te dijo: "Ve y destruye a esos pecadores, los amalecitas. Atácalos hasta acabar con ellos." ¿Por qué, entonces, no obedeciste al Señor? ¿Por qué echaste mano del botín e hiciste lo que ofende al Señor?* (vv. 16-19)

Saúl comenzó su reinado con una autoimagen baja, pero ahora su ego está inflado. Había olvidado lo que Dios había hecho en su vida. Lo más importante es que había desobedecido el claro mandamiento de Dios. Es fácil condenar a Saúl, pero cuando Dios no está en el centro, tendemos a oscilar entre esos dos extremos. Podemos olvidar rápidamente nuestro quebrantamiento y pecado, así como la liberación de Dios. Desobedecemos a Dios y luego miramos hacia abajo a aquellos que todavía están perdidos en sus pecados.

—*¡Pero yo sí obedecí al Señor! —insistió Saúl—. ¡Cumplí la misión que él me encargó! Traje al rey Agag, pero destruí a todos los demás. Entonces mis tropas llevaron lo mejor de las ovejas, de las cabras, del ganado y del botín para sacrificarlos al Señor tu Dios en Gilgal.* (vv. 20-21, NTV)

Adán fue el primero que echó la culpa a otro. Todos lo hacen. Saúl no acepta su responsabilidad como líder: "Yo sí obedecí; yo cumplí. Pero "las tropas" llevaron los animales." ¿Y era sólo un lapsus cuando Saúl llamó al Señor "tu Dios" cuando habló con Samuel? (Ésta era la segunda vez que Saúl lo dijo, también en el verso 15.) ¿Puede ser que Dios ya no fuera el Señor de Saúl? ¿O nunca lo fue?

100% obediencia requerida

Saúl pudo haber cumplido con el 95% de lo que Dios quería y pensaba que estaba haciendo muy bien. Muchos cristianos de hoy estarían de acuerdo. Pero Dios no está interesado en el 95% de obediencia. Él requiere el 100%. Cuando fallamos, Él es misericordioso si somos honestos y llegamos a Él con humildad y arrepentimiento genuino. Dios sabe que somos humanos y cometemos errores, aunque algunas personas, especialmente los jefes, pueden creer que son infalibles. Si tú caes en pecado, no te escondas. No hagas excusas ni eches la culpa, como lo hizo Saúl: "¡Pero yo sí obedecí!" Sé honesto y humilde para reconocer lo que has hecho. Samuel no está impresionado con la excusa de Saúl, y tampoco Dios.

Obediencia versus religión

Samuel respondió:

«¿Qué le agrada más al Señor:
  que se le ofrezcan holocaustos y sacrificios,
  o que se obedezca lo que él dice?
El obedecer vale más que el sacrificio,
  y el prestar atención, más que la grasa de carneros.
La rebeldía es tan grave como la adivinación,
  y la arrogancia, como el pecado de la idolatría.
Y como tú has rechazado la palabra del Señor,
  él te ha rechazado como rey.» (vv. 22-23)

¿Quieres agradar a Dios? Obedécele. Ya hemos oído ese mensaje varias veces en este libro. Para obedecer, tienes que escuchar la voz de Dios y saber su voluntad. No elijas lo que te dé ganas de hacer e ignores partes de la Biblia que no te gustan. No seas como Saúl, actuando como juez de la palabra de Dios. A menudo destruimos lo débil y despreciado de nuestra cultura, y salvamos lo que el mundo valora, supuestamente para usar en servicio a Dios. ¡Ten cuidado de rechazar la palabra del Señor por tus acciones!

Dios dice que la rebelión es como la adivinación o la hechicería y la arrogancia es idolatría. Esa habría sido una sorpresa para Saúl, tal como lo es para la mayoría de los cristianos. La rebelión y la arrogancia eran grandes problemas para Saúl, y también para muchos de nosotros. Todos esos animales que Saúl iba a sacrificar significaban absolutamente nada para el Señor si él no estaba caminando en obediencia. Ciertamente, obedecer vale más que el sacrificio. Todos nuestros cultos de adoración y templos hermosos afligen el corazón de Dios si no escuchamos su palabra y la obedecemos.

El defecto fatal de Saúl

—¡He pecado! —admitió Saúl—. He quebrantado el mandato del Señor y tus instrucciones, porque temí al pueblo y consentí a la voz de ellos. Pero te ruego que perdones mi pecado, y que regreses conmigo para adorar al Señor.

—No voy a regresar contigo —le respondió Samuel—. Tú has rechazado la palabra del Señor, y él te ha rechazado como rey de Israel.

Cuando Samuel se dio vuelta para irse, Saúl le agarró el borde del manto, y se lo arrancó. Entonces Samuel le dijo:

—Hoy mismo el Señor ha arrancado de tus manos el reino de Israel, y se lo ha entregado a otro más digno que tú. En verdad, el que es la Gloria de Israel no miente ni cambia de parecer, pues no es hombre para que se arrepienta.

—¡He pecado! —respondió Saúl—. Pero te pido que por ahora me sigas reconociendo ante los ancianos de mi pueblo y ante todo Israel. Regresa conmigo para adorar al Señor tu Dios.

Samuel regresó con él, y Saúl adoró al Señor. (vv. 24-31)

Es triste, pero a menudo se requiere algo desastroso para llamar nuestra atención, como ser arrestado o ver a tu esposa dejarte por otro hombre. Cuando Saúl escuchó las consecuencias de su pecado, su confesión reveló un defecto fatal: *"temí al pueblo y consentí a la voz de ellos"*.

Puede ser que Saúl estuviera preparado para hacer lo correcto, pero era débil y temía a sus propios hombres. Los soldados le trajeron los animales y Saúl no tuvo la fuerza para comandar su masacre. Su debilidad interna y la falta de defensa de lo que es correcto causaron su caída. Si tienes miedo de los hombres, no eres apto para el liderazgo cristiano. Si rechazas la palabra de Dios para agradar a los hombres, serás rechazado por Dios.

¿Qué tan sincero fue Saúl? En estas situaciones, muchos se arrepienten con la esperanza de evitar las consecuencias del pecado. No es genuino. ¿Por qué la adoración era tan importante para Saúl? ¿Hubo una parte de él que buscó a Dios y fue tocada por la adoración? He visto a muchos hombres con grandes problemas que honestamente desean adorar a Dios. Es posible que Saúl estuviera espiritualmente hambriento, pero también tuviera mucha confusión interna. Él quería adorar al Señor, pero Saúl quería que Samuel lo acompañara. ¿Por qué? Para que Saúl fuera honrado ante los ancianos y el pueblo de Israel. Parece que era más importante para Saúl verse bien con la gente que con Dios. Si parece que no contó con el apoyo de Samuel, el pueblo lo despreciaría. Pero Samuel discernió su motivación y no quiso acompañarlo en su adoración falsa. Desesperado, Saúl agarró la túnica de Samuel y la arrancó. Finalmente, Samuel accedió a ir a adorar con él.

Antes de que Samuel se fuera, había una cosa más que hacer. Saúl no había matado al rey amalecita. El viejo profeta tenía que hacerlo.

Después dijo Samuel: Traedme a Agag rey de Amalec. Y Agag vino a él alegremente. Y dijo Agag: Ciertamente ya pasó la amargura de la muerte.

Y Samuel dijo: Como tu espada dejó a las mujeres sin hijos, así tu madre será sin hijo entre las mujeres. Entonces Samuel cortó en pedazos a Agag delante de Jehová en Gilgal.

Se fue luego Samuel a Ramá, y Saúl subió a su casa en Gabaa de Saúl. Y nunca después vio Samuel a Saúl en toda su vida; y Samuel lloraba a Saúl; y Jehová se arrepentía de haber puesto a Saúl por rey sobre Israel. (32-35, RVR)

Es bueno saber que tú no eres el único con remordimiento. Dios mismo lamentó haber hecho a Saúl rey de Israel.

Lecciones para padres espirituales

Samuel no era un padre demasiado involucrado en la vida de su hijo espiritual. Pasó un tiempo con Saúl y luego lo dejó para poner en práctica lo que le había enseñado.

- Basó su aporte en la vida de Saúl en la palabra de Dios, no en sus propios pensamientos acerca de lo que debería hacer.
- El fracaso con sus propios hijos no impidió que Samuel fuera un padre espiritual para Saúl. De hecho, sus propios fracasos lo motivaron y lo ayudaron a ser un padre para Saúl.
- Samuel no disculpa la desobediencia de Saúl ni minimiza su gravedad. No tuvo miedo de enfrentarse a Saúl con la verdad. Es posible estar tan cerca de alguien que no quieres hacer nada para poner en peligro esa relación. Ten cuidado si tú te sientes así.

Samuel lloró por Saúl el resto de su vida. Tú puedes entender cómo se sentía Samuel. Puede ser tu propio hijo o alguien a quien hayas guiado como mentor. Tú no puedes, y no debes, controlar lo que hace. Él cometerá errores. Esperemos que aprenda de ellos, aunque puede que no sea así. Si tú has invertido en él y lo amas, duele verlo caer, así como duele ver caer a tus propios hijos.

Samuel hizo lo que Dios le mandó que hiciera. Fue Dios quien eligió a Saúl como rey. Después de todo, el hecho de que Saúl haya fallado no fue culpa de Samuel. Samuel podría haberse considerado un fracaso, pero había sido fiel. Tú no puedes asumir la responsabilidad por el fracaso de tu hijo espiritual ni por su éxito. Gracias a Dios por la oportunidad de hablarle a su vida, de amarlo y de andar con él en los momentos buenos y malos, como lo hizo Samuel con Saúl. ¿Dónde estaría Saúl sin Samuel? Probablemente en la granja arando con sus bueyes.

Cuando Saúl se dio cuenta de que Samuel iba a dejarlo, agarró desesperadamente la túnica de Samuel. Sin embargo, el momento había llegado en el que la relación terminaría. Puede llegar el momento en que esa relación de mentor tenga que terminar. Si Saúl hubiera llamado a Samuel, él probablemente habría venido, pero eso nunca sucedió. Estoy seguro de que Samuel siempre oró por Saúl mientras lloraba por él.

Cómo evitar el pecado de Saúl

Qué fácil es engañarnos a nosotros mismos, pensando que estamos obedeciendo a Dios cuando solo somos selectivamente obedientes. Dios está más preocupado por la obediencia que por la religión. Creemos que con un par de "sacrificios" o rituales religiosos (¿ayunos? ¿oraciones?) podemos complacerlo. ¿Cómo está tu obediencia? ¿Noventa por ciento? ¿Cincuenta por ciento? Dios perdona tu pecado, pero aún requiere del 100% de obediencia. ¿Cómo nos atrevemos a decir que sabemos mejor que Dios qué es mejor? ¿Cómo nos atrevemos a decidir qué aceptar y qué rechazar en su palabra? ¡Cuidado con la trampa que destruyó a Saúl! Pensó que había hecho todo bien cuando en realidad estaba en grave pecado. Me recuerda a la gente que Jesús condena en Mateo 7:21-23:

>No todo el que me dice: "Señor, Señor", entrará en el reino de los cielos, sino sólo el que hace la voluntad de mi Padre que está en el cielo. Muchos me dirán en aquel día: "Señor, Señor, ¿no profetizamos en tu nombre, y en tu nombre expulsamos demonios e hicimos muchos milagros?" Entonces les diré claramente: "Jamás los conocí. ¡Aléjense de mí, hacedores de maldad!"

Haz todo lo que necesites para librarte de la rebelión y la arrogancia. El proceso puede ser doloroso. Dios te humillará y te quebrantará, pero te ayudará a evitar estas trampas.

TERCERA PARTE

Este día que llamamos "vida" ya está llegando a su fin. Hemos experimentado la energía y la esperanza de la juventud, así como el gozo y el arduo trabajo en familia. Ahora el tiempo es más corto. Se pone el sol y pronto llegará la noche. Es la tercera edad. Este es el momento de enfrentar las consecuencias de tus decisiones anteriores. Es una etapa de muchos cambios en la vida, pero una cosa no ha cambiado: el llamado de Dios para reinar. Es una promesa también, pero con una condición que hace que esta parte de la vida sea tan importante: *si perseveramos, también reinaremos con él* (2 Timoteo 2:12, LBLA).

Es posible que hayas sufrido, pero si perseveras, resistes al enemigo y sigues caminando con Dios, experimentarás la plenitud de la autoridad que Él tiene para ti. Estarás listo para reinar con Cristo por la eternidad. Tu fe es sólida. Estás disfrutando de una rica amistad con tus hijos, quienes tienen sus propias familias y carreras. Te deleitas con tus nietos. Con la ayuda de Dios, has resuelto los problemas en tu matrimonio y disfrutas del amor maduro y la intimidad sexual. Has manejado bien tus finanzas e invertido sabiamente, siempre ofrendando al Señor, y ahora puedes dar libremente y vivir cómodamente. Eres un miembro respetado y activo de tu iglesia y comunidad. Tomas algunos medicamentos o incluso has tenido una cirugía menor, y está claro que tu cuerpo es más viejo, pero has cuidado este templo del Espíritu con una buena dieta, descanso y ejercicio. Estás en buena condición física. Hay sabiduría y un gozo que no conocías cuando eras joven, y la vida es plena y rica.

Desafortunadamente, la vida de un hombre no siempre termina tan bendecida. Puede ser que tus malas decisiones te hayan alcanzado. La vida puede ser una batalla más allá de tu control, dominada por el miedo y el fracaso, y gobernada por las circunstancias. Nunca te tomaste el tiempo para estudiar la Palabra de Dios y desarrollar tu relación con Cristo, y ahora tu fe se siente vacía. Estás alienado de tus hijos; ellos tienen sus propias vidas y problemas y no tienen tiempo para ti. Descuidaste tu matrimonio y maltrataste a tu esposa; ahora estás divorciado y solitario. Desperdicias tu dinero y nunca ahorraste para la jubilación; tienes que seguir trabajando y muchas veces no tienes suficiente dinero. Has abusado de tu cuerpo y descuidado tu salud; sufres de diabetes, enfermedad cardíaca o cáncer. Nunca dedicaste el tiempo necesario a tus amistades. La vida es muy dura; hay veces en que incluso piensas en el suicidio.

La mayoría de nosotros probablemente nos encontraremos entre estos dos extremos. Si aún eres joven y tienes la oportunidad de cambiar, aprende de los fracasos de otros. Toma decisiones sanas y pone a Dios en el primer lugar. Si ya eres un hombre mayor, es probable que tengas remordimientos, decepciones y sueños quebrantados. En este punto, es difícil corregir los errores del pasado, pero tú tienes la experiencia y la sabiduría que los hombres más jóvenes no tienen. Tú puedes aceptar tu situación y aprovechar al máximo el resto de tu vida. No es demasiado tarde para arrepentirte y entregarle tu vida al Señor. ¡Él todavía hace milagros en la vejez! ¡Aún hay esperanza!

Capítulo 13

Saúl y David
1 Samuel 16:1-23

Este capítulo marca otro punto de inflexión en 1 Samuel. El enfoque se desplaza de Saúl a su sucesor, un joven conforme al corazón de Dios. Saúl ya está en su camino áspero, pero es un camino largo. Muchos años pasarían antes de que él se quitara la vida.

Una tarea más para Samuel

Samuel siguió desempeñando un papel clave en la vida de Saúl después de su despedida oficial. A pesar de que Dios rechazó a Saúl, fue difícil para Samuel dejarlo ir. Pero la obra de Dios sigue adelante, y nosotros tenemos que seguir adelante con Él y dejar de llorar por la persona que rechaza al Señor.

El Señor le dijo a Samuel: —¿Cuánto tiempo vas a quedarte llorando por Saúl, si ya lo he rechazado como rey de Israel? Mejor llena de aceite tu cuerno, y ponte en camino. Voy a enviarte a Belén, a la casa de Isaí, pues he escogido como rey a uno de sus hijos.

—¿Y cómo voy a ir? —respondió Samuel—. Si Saúl llega a enterarse, me matará.

—Lleva una ternera —dijo el Señor —, y diles que vas a ofrecerle al Señor un sacrificio. (vv. 1-2)

¡Dios sugiere torcer la verdad! Suena extraño, pero Dios está de acuerdo: Samuel tenía razones para temer por su vida. La mente depravada que rechaza a Dios es capaz de acarrear un mal increíble.

El hombre mira las apariencias, pero Dios mira el corazón

Y aconteció que cuando ellos vinieron, él vio a Eliab, y dijo: De cierto delante de Jehová está su ungido. Y Jehová respondió a Samuel: No mires a su parecer, ni a lo grande de su estatura, porque yo lo desecho; porque Jehová no mira lo que mira el hombre; pues el hombre mira lo que está delante de sus ojos, pero Jehová mira el corazón. (vv. 6-7, RVR)

Samuel tenía muchos años sirviendo al Señor, pero este gran profeta aún tenía cosas que aprender. Eso me anima. ¡Todavía hay esperanza para mí! No se trata de lo que tenía sentido para Samuel; su trabajo era escuchar a Dios. Si él no estuviera escuchando, habría ungido al hombre equivocado. No importa la experiencia que tengas; todavía puedes fracasar si confías en tu propia sabiduría. Es necesario escuchar a Dios hoy.

Samuel pensó que si Dios escogió a Saúl porque era alto y guapo, Él elegiría a Eliab, quien también era alto y guapo. Pero la apariencia de Saúl nunca le importó a Dios. Él no se fija en las apariencias externas, sino en el corazón. El mundo valora al hombre guapo o a la mujer hermosa. Si somos honestos, tendemos a lo mismo. ¿Estás impresionado con aquellos que parecen los más espirituales? Puede ser que no lo sean. Alguien que lucha con muchas pruebas puede tener un corazón que agrada a Dios. Y tú, ¿te fijas más en tu corazón o en tu aspecto en el espejo? No te dejes guiar por las apariencias. Trata de discernir la condición del corazón. No hay nada malo en hacer ejercicio o estar bien cuidado, a menos que no haya nada dentro. La mayoría de nosotros tenemos algo que no nos gusta de nuestra apariencia física, pero realmente eso no le importa a Dios. Él te hizo como eres.

Ese día se presentaron todos los hijos de Isaí, pero el futuro rey no estaba entre ellos. Dios había escogido al más joven, que atendía las ovejas. ¿Cuántas veces Dios ignora nuestra elección y escoge a alguien despreciado por el mundo? Por casualidad, David también era bien parecido.

Envió, pues, por él, y le hizo entrar; y era rubio, hermoso de ojos, y de buen parecer. Entonces Jehová dijo: Levántate y úngelo, porque éste es. Y Samuel tomó el cuerno del aceite, y lo ungió en medio de sus hermanos; y desde aquel día en adelante el Espíritu de Jehová vino con poder sobre David. Se levantó luego Samuel, y se volvió a Ramá. (vv. 12-13, RVR)

La vida de David estaba a punto de cambiar. David necesitaba la unción y el poder del Espíritu para servir a Dios, al igual que Saúl la tenía al principio y los discípulos en Hechos la tendrían. Y tú necesitas esa misma unción. Ya hemos visto al Espíritu derramado en varias ocasiones en este libro. ¿Ha venido con poder sobre ti?

David en el palacio de Saúl

Dios tiene un gran sentido del humor. ¡Arregló que Saúl invitara a su sucesor a su casa!

El Espíritu del Señor se apartó de Saúl, y en su lugar el Señor le envió un espíritu maligno para que lo atormentara. Sus servidores le dijeron: —Como usted se dará cuenta, un espíritu maligno de parte de Dios lo está atormentando. Así que ordene Su Majestad a estos siervos suyos que busquen a alguien que sepa tocar el arpa. Así, cuando lo ataque el espíritu maligno de parte de Dios, el músico tocará, y Su Majestad se sentirá mejor.

—Bien —les respondió Saúl—, consíganme un buen músico y tráiganlo.

Uno de los cortesanos sugirió: —Conozco a un muchacho que sabe tocar el arpa. Es valiente, hábil guerrero, sabe expresarse y es de buena presencia. Además, el Señor está con él. Su padre es Isaí, el de Belén.

Entonces Saúl envió unos mensajeros a Isaí para decirle: «Mándame a tu hijo David, el que cuida del rebaño.» Isaí tomó un asno, alimento, un odre de vino y un cabrito, y se los envió a Saúl por medio de su hijo David. Cuando David llegó, quedó al servicio de Saúl, quien lo llegó a apreciar mucho y lo hizo su escudero. Luego Saúl le mandó este mensaje a Isaí: «Permite que David se quede a mi servicio, pues me ha causado muy buena impresión.»

Cada vez que el espíritu de parte de Dios atormentaba a Saúl, David tomaba su arpa y tocaba. La música calmaba a Saúl y lo hacía sentirse mejor, y el espíritu maligno se apartaba de él. (vv. 14-23)

Las cosas empezaron bien entre Saúl y David. Eso puede suceder incluso cuando una relación termina amarga. Saúl nunca había oído hablar de David, pero por casualidad su criado sabía de este chico de buen aspecto que toca la lira, habla bien y es un hombre valiente. ¿Lo más importante? Dios estaba con David. Tenía todo de lo que Saúl carecía (espiritualmente). Eso atrajo a Saúl, pero también dio lugar a intensos celos. Podemos apagar y entristecer al Espíritu hasta que nos deje, y el Espíritu había dejado a Saúl como resultado de su desobediencia.

¿Un espíritu maligno de Dios?

Más preocupante es lo que puede venir en lugar del Espíritu Santo. Cuando estás en rebelión y sin el Espíritu Santo, te abres a los espíritus malignos. Pero ¿envía Dios demonios? ¿No es esa la obra de Satanás?

No es la única vez en las Escrituras cuando un espíritu maligno viene de Dios (véase Jueces 9:23, 1 Reyes 22:22, 2 Corintios 12:7). Dios es soberano. Si nos centramos demasiado en el diablo, podemos pensar que este es un gran concurso de iguales, pero Satanás hace sólo lo que le es permitido. Dios puede atar al diablo y a todos sus demonios de inmediato y por completo, pero los usa para lograr sus propósitos. En este caso, Dios quería colocar a David en el palacio del rey.

El historiador judío Josefo escribió en el primer siglo: "Pero en cuanto a Saúl, algunos trastornos extraños y demoníacos vinieron sobre él, y trajeron tales asfixias que estaban a punto de estrangularlo." No conocemos la naturaleza de su tormento; no era constante, pero era obvio para quienes lo rodeaban. No te preocupes demasiado por esa cuestión de si un cristiano puede ser poseído por un demonio; el griego del Nuevo Testamento habla de ser "demonizado", no "poseído" por un demonio. Cuando un cristiano cede una y otra vez a la tentación y vive en pecado, será atormentado y oprimido por espíritus malignos, y con el tiempo Satanás empieza a edificar una fortaleza en su vida.

Alivio del tormento

Dios envió el espíritu maligno a Saúl y luego utilizó la música de adoración (por su sucesor recién ungido) para traerle alivio. ¿Qué tocaba David que era tan eficaz? Un músico experto que no conocía a Dios podía tocar la misma música sin efecto alguno. No hay poder mágico en la música, pero cuando los creyentes llenos del Espíritu Santo exaltan a Dios en adoración, los espíritus malignos huyen. La adoración es mucho más que entretenimiento; es un medio poderoso para derrotar al enemigo y acercarse a Dios. Pero prepárate para una lucha:

Al día siguiente, el espíritu maligno de parte de Dios se apoderó de Saúl, quien cayó en trance en su propio palacio. Andaba con una lanza en la mano y, mientras David tocaba el arpa, como era su costumbre, Saúl se la arrojó, pensando: «¡A éste lo clavo en la pared!» Dos veces lo intentó, pero David logró esquivar la lanza. (18:10-11, ve también 19:9-10)

En este trance, Saúl intentó asesinar al ungido de Dios. Espera una reacción fuerte del diablo cuando te enfrentes a sus poderes malignos. Gente en pecado o demonizada a menudo encuentra consuelo escuchando música cristiana, leyendo la Biblia o asistiendo a la iglesia, pero si no hay un arrepentimiento genuino, la consolación será temporal. Saúl encontró alivio, pero no duró mucho. Él nunca se arrepintió. En cambio, se obsesionó con matar al mismo hombre que lo ayudó.

¿Te ves a ti mismo en este capítulo?

¿Eres un Saúl? ¿Se ha apartado el Espíritu de Dios de ti debido a tu pecado repetido? ¿Continúas la farsa como cristiano o ministro después de que el poder se ha ido? ¿Estás atormentado por espíritus malignos o obsesionado con los celos de otro hombre que Dios está usando? Humíllate, arrepiéntete con todo tu corazón y vuelve a dedicarte a seguir a Jesús. Llena tu vida de adoración a Dios. Busca a un hermano lleno del Espíritu Santo para ministrarte. Cuando tu vida esté en orden, esos espíritus huirán.

¿Eres un Samuel? Tal vez Dios te ha usado poderosamente, pero ahora eres mayor y sientes que tu tiempo se ha acabado. ¿Todavía tienes duelo por alguien que se apartó del Señor? ¿Sientes que de alguna manera fuiste responsable? ¿Está diciéndote Dios que es hora de dejarlo ir y seguir adelante? Dios necesita tu sabiduría y madurez para levantar nuevos líderes. Todavía tienes mucho que ofrecer al pueblo de Dios. ¡Uno no se jubila del Reino de Dios!

¿O eres un David? Has recibido una palabra de que Dios tiene grandes cosas para ti, pero estás trabajando bajo alguien celoso que trata de sabotear todo lo que haces. Al ver su pecado, tú puedes sentirte tentado a socavarle o abandonar el lugar. Pero Dios puede tenerte allí con un propósito. Puede ser que Él te esté preparando en ese horno, poniendo a prueba tu confianza en Dios para el momento adecuado y tu buena voluntad de honrar a alguien en autoridad. Deja que Dios lo juzgue en su tiempo. No trates de manipular la situación. Si tú tienes la oportunidad de ministrarle, hazlo. Recuerda: no estás luchando contra carne y sangre. Mantente alerta a las dimensiones espirituales de la batalla y permanece en adoración y comunión con Dios. Sobre todo, sigue siendo humilde. Aprende de los errores que has presenciado y date cuenta de que eres lo que eres por la gracia de Dios.

Si te quedas en el camino de Saúl, te llevará a la perdición. Sería genial si todos fuéramos un David, pero eso no es posible. Parte de la madurez es aceptar donde Dios te ha llamado y prosperar y ser fiel allí.

Capítulo 14

Cómo aprovechar al máximo el resto de tu vida

1 Samuel 17-26

Todo lo que el hombre sembrare, eso también segará (Gálatas 6:7, RVR). Esa realidad es más obvia en la vejez. Has tenido muchos años para sembrar semillas, ya sean buenas o malas. Saúl tuvo una cosecha muy fea porque había sembrado muchas semillas malas y había tomado algunas decisiones tontas. Sin embargo, por la gracia de Dios, aún podría recuperarse y terminar su vida bastante bien si estuviera dispuesto a humillarse y hacer algunos cambios. ¿Qué debe hacer un hombre en esa situación?

Deja de lado el miedo y anima a un hombre más joven en su fe

El capítulo 17 realmente pertenece a un libro sobre David. Él es el héroe; Saúl luce patético. Es la misma rutina: Saúl y sus tropas se reúnen para enfrentar a los filisteos y su nueva "arma secreta", el gigante Goliat, que sale todos los días para desafiar a Israel.

Al oír lo que decía el filisteo, Saúl y todos los israelitas se consternaron y tuvieron mucho miedo. (17:11)

Ten cuidado con lo que escuchas. Saúl no estaba escuchando a Dios; solo podía oír los insultos de Goliat. Los hombres siguen a su líder y otra vez el miedo y la cobardía de Saúl infectan a todo el ejército. Israel habría sufrido una cierta derrota si Dios no hubiera enviado a un matador de gigantes, a un joven con un corazón para Dios:

—*No se preocupe por este filisteo* —*le dijo David a Saúl*—. *¡Yo iré a pelear contra él!*

—*¡No seas ridículo!* —*respondió Saúl*—. *¡No hay forma de que tú puedas pelear contra ese filisteo y ganarle! Eres tan solo un muchacho, y él ha sido un hombre de guerra desde su juventud.* (17:32-33, NTV)

El corazón incrédulo dice "no puedes", y los hechos a menudo parecen confirmarlo. La fe no ignora los hechos; los enfrenta, pero llega a una conclusión diferente. Hay mucha lógica en lo que dice Saúl; un joven más débil podría desanimarse y rendirse en este punto. Si tú tienes a un Saúl que es implacablemente negativo, no te rindas. Dile lo que Dios ha hecho y mantente firme por el honor de tu Señor, impasible a lo que Él ha puesto en tu corazón.

Pero David insistió:

—*He estado cuidando las ovejas y las cabras de mi padre. Cuando un león o un oso viene para robar un cordero del rebaño, yo lo persigo con un palo y rescato el cordero de su boca. Si el animal me ataca, lo tomo de la quijada y lo golpeo hasta matarlo. Lo he hecho con leones y con osos, y lo haré también con este filisteo pagano, ¡porque ha desafiado a los ejércitos del Dios viviente! ¡El mismo Señor que me rescató de las garras del león y del oso me rescatará de este filisteo!* (vv. 34-37a, NTV)

David se fortaleció en su fe al aplicar lo que aprendió en batallas anteriores. David creyó que lo que Dios hizo por esas ovejas, Él también lo haría por el ejército de Israel. Dios ama la fe de un niño. Regocíjate en la fe y el denuedo de un joven y ofrécele orientación, pero no lo desanimes con tus temores. Fue humillante para Saúl, pero al menos el rey finalmente alentó a David.

—*Anda, pues —dijo Saúl—, y que el Señor te acompañe.* (v. 37b)

Mejor tarde que nunca. Es posible que hayas experimentado algunos momentos difíciles y ahora seas un cínico. Ya no quieres matar más gigantes, y eso está bien, pero haz lo que puedas para alentar la fe de jóvenes matadores de gigantes. Los necesitamos. No queremos desalentarlos. Si sus corazones están rectos, Dios los usará tan seguramente como Él usó a David.

No sobrecargues a un joven con tu equipaje

Después Saúl le dio a David su propia armadura: un casco de bronce y una cota de malla. David se los puso, se ciñó la espada y probó dar unos pasos porque nunca antes se había vestido con algo semejante.

—*No puedo andar con todo esto —le dijo a Saúl—. No estoy acostumbrado a usarlo.*

Así que David se lo quitó. (vv. 38-39, NTV)

Fue muy simbólico e inesperadamente considerado, pero lo que encaja con Saúl no encaja con David. Es demasiado pesado. David no estaba acostumbrado a pelear con todo eso. Los líderes mayores bienintencionados pueden tratar de sobrecargarte con sus cosas. Se ve y se siente bien ponerse la armadura del rey. El mundo la valora, pero Dios no. Solo te estorba. En lugar de añadir más peso, elimina el exceso de equipaje y confía en el Señor. David fue lo suficientemente sabio para quitárselo. Tú tampoco necesitas la armadura del mundo.

Si eres demasiado viejo para la batalla, puedes tener un gran ministerio al equipar a los guerreros más jóvenes. Tú tienes mucho que ofrecer, pero ten cuidado de sobrecargarlos con demasiadas cosas o con cosas que no son de Dios.

Todos sabemos lo que pasó con Goliat. Fue un cambio de juego. La muerte del gigante fue una derrota más para Saúl, y David se convirtió en un héroe nacional.

Cuidado con los celos

Todo lo que Saúl le pedía a David que hiciera, él lo hacía con éxito. Como resultado, Saúl lo hizo comandante sobre los hombres de guerra, un nombramiento que fue bien recibido tanto por el pueblo como por los oficiales de Saúl.

Cuando el ejército de Israel regresaba triunfante después que David mató al filisteo, mujeres de todas las ciudades de Israel salieron para recibir al rey Saúl. Cantaron y danzaron de alegría con panderetas y címbalos. Este era su canto:

«Saúl mató a sus miles,
* ¡y David, a sus diez miles!».*

Esto hizo que Saúl se enojara mucho. «¿Qué es esto? —dijo—. Le dan crédito a David por diez miles y a mí solamente por miles. ¡Solo falta que lo hagan su rey!». Desde ese momento Saúl miró con recelo a David. (18:5-9, NTV)

Es triste perder la unción de Dios; es aún peor ser eclipsado por un muchacho. Pero Saúl necesitaba a David; él había salvado a Israel y era el único que trajo alivio a Saúl de los espíritus malignos. Es difícil crucificar el orgullo, tomar la humildad y reconocer que otro hombre puede ser mejor. Tú puedes dar paso a él y alegrarte de que Dios sea glorificado y su iglesia haya prosperado, o puedes ponerte celoso y tratar de destruirlo. No es de extrañar: Saúl sucumbió a los celos y lo consumieron. ¿Estás celoso de alguien que parece tener mayor éxito y unción? ¿Tienes envidia de su juventud, buen aspecto y dones?

Los celos dan paso al miedo. La gente amaba a David, pero Saúl le temía. Tal vez sin saberlo, Saúl puso a David en una posición en la que podía destacarse aún más. Cuando Dios está con alguien, va a tener éxito en todo lo que hace.

Después Saúl tenía miedo de David porque el Señor estaba con David pero se había apartado de él. Finalmente lo echó de su presencia y lo nombró comandante sobre mil hombres, y David dirigía fielmente a las tropas en batalla.

David siguió teniendo éxito en todo lo que hacía porque el Señor estaba con él. Cuando Saúl reconoció esto, le tuvo aún más miedo. Pero todos en Israel y en Judá amaban a David porque tenía tanto éxito al dirigir a sus tropas en batalla. (vv. 12-16, NTV)

Únete a los profetas

En medio de su pecado e incredulidad, de alguna manera, Saúl tuvo un encuentro más, y uno muy dramático, con el Espíritu de Dios. La situación era extraña: Saúl estaba persiguiendo a David y lo llevó directamente a una escuela de profetas. Al parecer, David y Samuel habían ido allí para profetizar, adorar al Señor y estar llenos del Espíritu. Es la última vez que los tres están juntos.

Así que David escapó y fue a Ramá para ver a Samuel, y le contó todo lo que Saúl le había hecho. Entonces Samuel llevó a David a vivir con él en Naiot. Cuando Saúl se enteró de que David estaba en Naiot de Ramá, envió tropas para capturarlo. Pero cuando llegaron y vieron que Samuel dirigía a un grupo de profetas que estaban profetizando, el Espíritu de Dios vino sobre los hombres de Saúl y ellos también comenzaron a profetizar. Cuando Saúl se enteró de lo que había pasado, envió a otras tropas, ¡pero ellos también profetizaron! Lo mismo sucedió por tercera vez. Finalmente, Saúl mismo fue a Ramá y llegó al gran pozo en Secú.

—¿Dónde están Samuel y David? —preguntó.

—Están en Naiot de Ramá —le informó alguien.

Pero camino a Naiot de Ramá, el Espíritu de Dios vino incluso sobre Saúl, ¡y él también comenzó a profetizar por todo el camino hasta Naiot! Se quitó la ropa a tirones y quedó desnudo acostado sobre el suelo todo el día y toda la noche, profetizando en presencia de Samuel. La gente que lo vio exclamó: ¿También Saúl entre los profetas? (vv. 18-24, NTV)

¿Qué hubiera pasado si Saúl hubiera dejado de perseguir a David, le hubiera entregado el reino y hubiera pasado el resto de su vida en presencia del Señor con los profetas? ¿Estaba Dios misericordiosamente dándole una oportunidad más?

¿Necesitamos un Naiot en Ramá hoy?

¿No sería genial si la presencia del Espíritu fuera tan fuerte en nuestras iglesias? ¿Puedes imaginar a la gente entrando y cayendo bajo el poder del Espíritu, profetizando y hablando en lenguas? Si Dios pudo tocar a Saúl, ¡Él puede tocar a cualquiera! Saúl estuvo acostado desnudo todo el día y la noche. No necesitamos a nadie desnudo, pero ¿podríamos dar al Espíritu esa libertad?

¿Qué tal un refugio como Naiot en Ramá, para un encuentro con Dios y sus profetas?

- Un lugar de renovación para alguien que huye de su casa.
- Un lugar tan ungido que los asesinos, buscando la vida de un hombre, caerían bajo el poder de Dios.
- Un lugar para hombres heridos, como David.
- Un lugar seguro cuando estés perseguido por el enemigo.
- Un lugar de culto 24/7, donde puedes escuchar la voz del Espíritu en la compañía de los profetas.

No mates a los hombres de Dios

En medio de la profecía, David se escapa y Saúl deja de perseguirlo temporalmente. Pero en lugar de honrar lo que Dios hizo, él se dejó dominar por su miedo y celos. Claramente inspirado por Satanás, Saúl comete todavía su peor delito:

Entonces el rey Saúl inmediatamente mandó traer a Ahimelec y a toda su familia, quienes servían como sacerdotes en Nob. Cuando llegaron, Saúl le gritó:

—¡Escúchame, hijo de Ahitob!

—¿Qué quiere, mi rey? —le preguntó Ahimelec.

—¿Por qué han conspirado contra mí, tú y ese hijo de Isaí? —le preguntó Saúl—. ¿Por qué le diste alimento y una espada? ¿Por qué consultaste a Dios por él? ¿Por qué lo instigaste a matarme, como está tratando de hacer hoy mismo?

—Pero señor —respondió Ahimelec—, ¿hay alguien entre todos sus siervos que sea tan fiel como su yerno David? ¡Él es el capitán de su escolta y un miembro altamente honrado de su casa! Por cierto, ¡esta no fue la primera vez que consulté a Dios por él! Que el rey no me acuse a mí y a mi familia de este asunto, porque yo no sabía nada de un complot en contra de usted. (22:11-15, NTV)

Dios le dio a Saúl una salida. El hombre de Dios le habló la verdad desde el sentido común, pero la mente de Saúl estaba distorsionada por la mentira y el engaño del diablo. Él podría haberse humillado a sí mismo, agradeciendo al sacerdote por ayudar a su yerno. Se habría liberado de más juicio. Pero con un corazón endurecido por el pecado y la envidia, no temía a Dios ni respetaba a sus siervos.

—¡Ahimelec, ten por seguro que morirás junto con toda tu familia! —gritó el rey.

Y le ordenó a su escolta:

—¡Maten a estos sacerdotes del Señor, porque son aliados de David y conspiradores con él! ¡Ellos sabían que él huía de mí, pero no me lo dijeron!

Pero los hombres de Saúl se negaron a matar a los sacerdotes del Señor.

Entonces Saúl le dijo a Doeg:

—Hazlo tú.

Así que ese día Doeg el edomita los atacó y los mató: ochenta y cinco sacerdotes en total que aún llevaban puestas sus vestiduras sacerdotales. Después se dirigió a Nob, la ciudad de los sacerdotes, y mató a las familias de los sacerdotes —hombres y mujeres, niños y recién nacidos— y a todo el ganado, burros, ovejas y cabras. (22:16-19, NTV)

Fue un edomita gentil que mató a los sacerdotes; ningún judío lo haría. Cuando Dios le ordenó a Saúl que destruyera a Amelec por completo, él desobedeció (1 Samuel 15); ahora Saúl no vacila en destruirlo todo. Sin embargo, no logró nada: David todavía estaba libre y Saúl había hecho algo abominable a los ojos del Señor.

Responder a la injusticia

Saúl no era tan despistado como pareciera. Quebrado y endurecido, atado en su pecado e incapaz de cambiar, todavía era tierno con David. Varias veces David tuvo la oportunidad de matarlo. Aquí David lo sorprendió y le habló:

Cuando David terminó de hablar, Saúl le respondió:

—¿Realmente eres tú, David, hijo mío?

Enseguida comenzó a llorar y le dijo a David:

—Eres mejor persona que yo, porque has devuelto bien por mal. Es cierto, has sido increíblemente bondadoso conmigo hoy, porque cuando el Señor me puso en un lugar donde pudiste haberme matado, no lo hiciste. ¿Quién otro dejaría ir a su enemigo cuando lo tiene en su poder? Que el Señor te recompense bien por la bondad que hoy me has demostrado. Ahora me doy cuenta de que ciertamente tú serás el rey, y de que el reino de Israel prosperará bajo tu gobierno. Júrame, entonces, por el Señor, que cuando esto suceda, ¡no matarás a mi familia ni destruirás a mis descendientes!

Entonces David le prometió esto a Saúl con un juramento. Después Saúl volvió a su casa, pero David y sus hombres regresaron a su fortaleza. (24:16-22, NTV)

Nadie habría culpado a David si hubiera matado a Saúl. Nadie tenía que saberlo. Pero David tenía un corazón para Dios. Él siempre honró a sus ancianos y a aquellos en autoridad, negándose a tocar al rey ungido. David no tomó las cosas en sus propias manos, sino que dejó a Saúl en las manos del Señor. Pero también fue sabio: no se quedó con Saúl para ser objeto de su abuso. David regresó con sus hombres a la fortaleza y dejó que Saúl se autodestruyera.

Saúl tuvo la oportunidad de rendirse aquí, pero, como la mayoría de los hombres, su orgullo no lo permitió. Siguió persiguiendo a David. Nunca pensó en humillarse, arrepentirse y buscar al Señor. Él podía salvar su vida y disfrutar de sus últimos años; solo tenía que entregar el reino al sucesor elegido por Dios, que también era parte de su familia. Pero otra vez más, escogió lo malo.

Si te encuentras en una situación como la de David:

- Mantén tu honor y haz lo correcto, incluso cuando veas corrupción en quienes están en autoridad.
- Resiste la tentación de socavarlos, pero haz lo que puedas para evitar el peor de su veneno.
- Ora por ellos. Tú puedes orar con fe para que la "montaña" sea removida al mar, pero ten en cuenta que puede que no suceda. Dios a menudo tiene un propósito para esa montaña.
- Ni siquiera pienses en el asesinato. ¡En serio!
- Abandona las batallas que no tienen sentido y dirige tu energía al enemigo real.
- David tocaba el arpa para Saúl. Puede ser difícil y puede que te sientas incómodo, pero si hay oportunidades para ministrarles, permite que Dios te use.

Aprovecha al máximo el resto de tu vida

Dios quiere que aprendas de tus errores y seas un mentor para ayudar a los jóvenes a evitarlos. Yo conozco a muchos hombres destruidos por la decepción y el fracaso. Hay algo muy refrescante para mí en un joven apasionado por Jesús, lleno de fe y energía para servir al Rey de reyes. No te apartes de ellos. No seas cínico y no desalientes su pasión.

Probablemente has tenido decepciones. En lugar de vivir en el pasado con tus pesares, puedes aprovechar al máximo lo que tienes:

- Acepta la muerte de algunos sueños. Está bien llorarlos.
- Humíllate y reconoce tu responsabilidad por lo que ha sucedido en tu vida.
- Abandona el juego de la culpa y aprovecha al máximo el tiempo que te queda.

Dios te dará alternativas viables. Hay varias cosas que Saúl podría hacer:

- Podría invertir tiempo en su yerno y sucesor. Saúl pudo influenciar y apoyar a David y, al mismo tiempo, crecer.
- Saúl tenía un hijo impresionante (Jonatán). Podría pasar tiempo con él para conocerlo mejor.
- Podría afiliarse a los profetas. La gente ya decía: "¿Saúl entre los profetas?" Saúl podría tener una tercera carrera en la escuela de los profetas.
- Podría pasar tiempo con sus dos hijas y aprender a ser un buen abuelo.
- Saúl tuvo sus victorias. Podría revivir su relación con el Señor, reflexionando sobre lo que Dios había hecho en el pasado y recibiendo una fresca unción del Señor.

Claro que sería un golpe duro perder su reino, pero Saúl podría usar los años que le quedaban para prepararse para el reino venidero y ayudar a otros a desarrollar su autoridad real. Sí, Saúl fracasó y perdió su reino, pero todavía tenía algunas buenas opciones. Tenía mucho a su favor. Y tú también lo tienes. Resiste la amargura y la negatividad. Dios quiere que aproveches al máximo el resto de tu vida.

Capítulo 15

Saúl, hombre de familia
1 Samuel 18, 19, 20, 23

No es por casualidad que un capítulo sobre la familia de Saúl llegue casi al final de su historia. En su búsqueda de fama y fortuna, la familia de un hombre a menudo sufre. Muchos hombres solo se despiertan cuando se enteran de que la fama y el dinero son pasajeros. De repente, les hacen falta las relaciones que nunca tomaron el tiempo para desarrollar. Hombres capaces, con ministerios y carreras exitosas, pueden ser terribles esposos y padres. En su lecho de muerte, nadie lamenta no haber dedicado más tiempo o energía a su trabajo; sus pesares se centran en su familia. No esperes hasta que mueras para arreglar las cosas en tu hogar.

En casa, ves al verdadero hombre. Nuestros problemas personales, por lo general, son mucho más obvios allí. Tú no eres una sola carne con alguien en tu trabajo (¡a menos que trabajes con tu esposa!). Tu éxito al amar a una mujer (y no estoy hablando del sexo) valida tanto tu masculinidad como tus grandes logros en el mundo. Tu relación con ella toca las profundidades de tu ser y muy a menudo lo que toca es vergüenza, fracaso e incompetencia. Se espera que un hombre mayor tenga la fuerza y la profundidad de carácter para amar, ponerse a sí mismo de lado y soportar la ira y el resentimiento de su familia por sus fracasos, pero a menudo es difícil sanar las heridas de muchos años de descuidar a la familia.

Las relaciones entre padre e hijo también tienden a ser emocionalmente intensas. Muchos hombres toda su vida anhelan al padre que nunca tuvieron; no pueden dejar su ira hacia él por sus fracasos. Y aunque amamos a nuestros hijos, frecuentemente sentimos conflicto y culpa acerca de nuestras relaciones con ellos.

La familia es muy importante para Dios. Los hijos de un anciano *deben ser creyentes que no tengan una reputación de ser desenfrenados ni rebeldes* (Tito 1:6, NTV). El anciano *debe dirigir bien a su propia familia, y que sus hijos lo respeten y lo obedezcan. Pues, si un hombre no puede dirigir a los de su propia casa, ¿cómo podrá cuidar de la iglesia de Dios?* (1 Timoteo 3:4-5, NTV)

Es probable que, si la vida pública de Saúl fue un desastre, su vida familiar fuera aún peor. Si tuviera la oportunidad de jubilarse, podría pasar tiempo con ellos, como compensación por todos los años ausente, luchando batallas y persiguiendo a David, pero no sería fácil. Jonatán todavía recordaba cómo Saúl casi lo mató porque comió miel y no estaba muy cómodo con su obsesión por matar a su mejor amigo. A veces, es más difícil tratar los asuntos del corazón en tu propia casa que luchar contra los filisteos.

Lo que sabemos de la familia de Saúl

No sabemos nada acerca del padre de Saúl ni de su relación, y muy poco sobre su familia. Saúl nunca tuvo la oportunidad de disfrutar de su familia durante la jubilación. Tenemos que leer entre líneas para saber qué clase de padre era.

- Saúl se casó con Ahinoam y tuvieron cuatro hijos: Jonatán, Abinadab, Malquisúa e Is-Boset (o Isúi o Es-Baal), y dos hijas: Merab y Mical.

- No sabemos nada más acerca de Abinadab y Malquisúa, excepto que murieron junto con Jonatán y su padre en la batalla final, víctimas de la inseguridad y los fracasos de Saúl.

- Is-Boset fue el único sobreviviente después de la muerte de Saúl y el heredero legítimo del trono. Con la ayuda de su tío Abner, gobernó durante aproximadamente dos años, hasta que David estableció su reinado en toda la nación. Dos de sus propios capitanes lo decapitaron en su cama.

- Saúl también tenía dos hijos, Armoní y Mefiboset, con una concubina llamada Rizpa. A diferencia de David, no hay registro de otras mujeres.

- David entregó a los dos hijos de Rizpa, junto con los cinco hijos de Merab (nietos de Saúl), a los gabaonitas, como compensación por lo que Saúl había hecho contra esa nación. Todos fueron asesinados. Después de la muerte de sus hijos, 2 Samuel 21:10 dice: *Rizpa hija de Ayá tomó un saco y lo tendió para acostarse sobre la peña, y allí se quedó desde el comienzo de la siega hasta que llegaron las lluvias. No permitía que las aves en el día ni las fieras en la noche tocaran los cadáveres.* Parece que todos alrededor de Saúl sufrieron.

- Jonatán tuvo un hijo, Mefiboset (el nombre de su tío; también llamado Meri-Baal). Él tenía cinco años cuando Jonatán murió. Debido a su pacto con Jonatán, David lo cuidó hasta su muerte. También tuvo un hijo, Micaías, de quien no sabemos nada, excepto sus numerosos descendientes enumerados en 1 Crónicas 8.

Jonatán y David

Para un hombre con tantos problemas, Saúl engendró a un hijo excepcional. ¡Tal vez fue la influencia de su madre! Jonatán estaba destinado al trono y probablemente habría sido un buen rey. Era un hombre valiente, lleno de vida y del Espíritu. Ya había demostrado que era un hombre mejor que su padre. Tenía un escudero ferozmente leal. Era un espíritu afín a David e hizo un pacto con él. En lugar de resentir que David heredara un trono que debería haber sido el suyo, él aceptó su destino con gentileza.

Aconteció que cuando él hubo acabado de hablar con Saúl, el alma de Jonatán quedó ligada con la de David, y lo amó Jonatán como a sí mismo. Y Saúl le tomó aquel día, y no le dejó volver a casa de su padre. E hicieron pacto Jonatán y David, porque él le amaba como a sí mismo. Y Jonatán se quitó el manto que llevaba, y se lo dio a David, y otras ropas suyas, hasta su espada, su arco y su talabarte (18:1-4, RVR).

Darle a David estos artículos personales era una fuerte expresión de amor y un reconocimiento de que el sucesor de su padre necesitaría el manto del príncipe. Más tarde, él ayudó a David a huir de Saúl.

Entonces Jonatán hizo un pacto solemne con David diciendo: —¡Que el Señor destruya a todos tus enemigos!

Y Jonatán hizo que David reafirmara su voto de amistad, porque amaba a David tanto como a sí mismo.

En cuanto se fue el niño, David salió de su escondite cerca del montón de piedras y se inclinó ante Jonatán tres veces, rostro en tierra; y besándose el uno al otro, lloraron el uno con el otro; y David lloró más. Finalmente, Jonatán le dijo a David: «Ve en paz, porque nos hemos jurado lealtad el uno al otro en el nombre del Señor. Él es testigo del vínculo que hay entre nosotros y nuestros hijos para siempre». Después David se fue, y Jonatán regresó a la ciudad (20:16-17, 41-42, NTV).

Las amistades entre hombres pueden ser muy enriquecedoras, pero muchos hombres nunca las experimentan. ¿Te sentirías cómodo estando tan cerca de otro hombre? ¿Alguna vez has tenido una amistad como esta? La mayoría de los hombres la anhela, pero también la teme; temen que sus debilidades e inseguridades sean reveladas.

La cultura latina siempre ha sido abierta a expresiones de afecto entre los hombres, pero hoy en día un hombre que habla de amar a otro hombre es sospechoso de ser gay, y muchos hombres tienen el temor subyacente de posiblemente ser gay. Sin embargo, una de las mejores maneras de lidiar con la atracción por el mismo sexo es tener amistades sanas y no sexuales con otros hombres.

Parece que Jonatán vio a David solo una vez más, mientras Saúl lo perseguía:

Un día, cerca de Hores, David recibió la noticia de que Saúl estaba camino a Zif para buscarlo y matarlo. Jonatán fue a buscar a David y lo animó a que permaneciera firme en su fe en Dios. «No tengas miedo —le aseguró Jonatán—, ¡mi padre nunca te encontrará! Tú vas a ser el rey de Israel, y yo voy a estar a tu lado, como mi padre bien lo sabe». Luego los dos hicieron un pacto solemne delante del Señor. Después Jonatán regresó a su casa, mientras que David se quedó en Hores (23:15-18, NTV).

¡Qué hermoso ejemplo del plan de Dios para la amistad! Jonatán buscó a David en uno de los momentos más difíciles de su vida.

Renovaron su pacto y Jonatán animó a David. Lo más importante, él ayudó a David a encontrar fortaleza en Dios. Cuando el enemigo está persiguiéndote, solo el Señor te dará la fuerza que necesitas. ¿Tienes a alguien que te busque y ore contigo en los momentos más difíciles? ¿Hay alguien a quien puedas ministrar de esa manera?

Las hijas de Saúl

Cierto día, Saúl le dijo a David: —Estoy listo para darte a mi hija mayor, Merab, por esposa. Pero antes deberás demostrar que eres un guerrero de verdad al pelear las batallas del Señor.

Pues Saúl pensó: «Voy a enviar a David contra los filisteos y dejar que ellos lo maten, en vez de hacerlo yo mismo».

—¿Quién soy yo, y quién es mi familia en Israel para que yo sea el yerno del rey? —exclamó David—. ¡La familia de mi padre no es nadie!

Así que, cuando llegó el momento para que Saúl le diera su hija Merab en matrimonio a David, Saúl se la dio a Adriel, un hombre de Mehola. (18:17-19, NTV)

Saúl no muestra mucho respeto por su hija; la usa como un peón para sus propios fines. En lugar de bendecirla, desea matar a su futuro esposo. ¿Por qué rechazó David la oferta del rey? No lo sabemos, pero posiblemente Dios le mostró la intención perversa de Saúl o ya estaba enamorado de su hermana menor. Como ya hemos visto en varias ocasiones, David era humilde.

Cuando un hombre está en rebelión contra Dios, todo sale mal. Saúl no puede escapar de la atracción de otras personas hacia David: ¡Su segunda hija está enamorada de David! Pero Saúl simplemente lo ve como una oportunidad más para matar a David. No le importa si rompe el corazón de su hija en el proceso.

Mientras tanto, Mical, otra hija de Saúl, se había enamorado de David, y cuando Saúl se enteró se puso contento. «¡Me da otra oportunidad para que los filisteos lo maten!», se dijo Saúl a sí mismo; pero a David le dijo: —Hoy tienes una segunda oportunidad para llegar a ser mi yerno.

Después Saúl instruyó a sus siervos para que le dijeran a David: «El rey te aprecia mucho, al igual que nosotros. ¿Por qué no aceptas lo que el rey te ofrece y te conviertes en su yerno?». Cuando los hombres de Saúl le dijeron estas cosas a David, él respondió: «¿Cómo puede un hombre pobre y de familia humilde reunir la dote por la hija de un rey?».

Cuando los hombres de Saúl le informaron al rey, él les dijo: «Díganle a David que lo único que quiero por dote son los prepucios de cien filisteos. Vengarme de mis enemigos es todo lo que realmente quiero». Pero lo que Saúl tenía en mente era que mataran a David en la pelea.

David estuvo encantado de aceptar la oferta. Antes de que se cumpliera la fecha límite, él y sus hombres salieron y mataron a doscientos filisteos. Así que David cumplió con el requisito del rey entregándole los prepucios de ellos. Entonces Saúl le entregó a su hija Mical por esposa (18:20-27, NTV).

La prueba fue la matanza de los filisteos, pero ¿qué clase de hombre quiere cien prepucios? ¿Y qué clase de hombre cumple con esta solicitud? ¡Un hombre enamorado! Un hombre al que le gusta el desafío, y un joven atrevido. Imaginar a David satisfaciendo los requisitos de Saúl es bastante impactante.

Parece extremo, pero David felizmente lo hizo y Saúl no tuvo más remedio que darle su hija.

Cuando Saúl se dio cuenta de que el Señor estaba con David, y cuánto su hija Mical lo amaba, le tuvo aún más miedo y quedó como enemigo de David por el resto de su vida.

Cada vez que los comandantes filisteos atacaban, David tenía más éxito en contra de ellos que todos los demás oficiales de Saúl; por eso el nombre de David llegó a ser muy famoso (18:28-30, NTV).

Dios posiblemente arregló el matrimonio con Mical para proteger a su ungido, ya que salvó la vida de David:

Entonces Saúl mandó tropas para que vigilaran la casa de David. Se les dio la orden de que mataran a David cuando saliera a la mañana siguiente, pero Mical, la esposa de David, le advirtió: «Si no te escapas esta noche, te matarán por la mañana». Así que ella lo ayudó a salir por una ventana, y él huyó y escapó. Luego ella tomó un ídolo y lo puso en la cama de su esposo, lo cubrió con mantas y puso un cojín de pelo de cabra sobre la cabeza.

Cuando las tropas llegaron para arrestar a David, ella les dijo que estaba enfermo y que no podía levantarse de la cama. Pero Saúl envió a las tropas de nuevo para prender a David y les ordenó: «¡Tráiganmelo con cama y todo para que lo mate!». Pero cuando llegaron para llevarse a David, descubrieron que lo que estaba en la cama era solo un ídolo con un cojín de pelo de cabra en la cabeza.

—¿Por qué me traicionaste así y dejaste escapar a mi enemigo? —le reprochó Saúl a Mical.

—*Tuve que hacerlo —contestó ella—. Me amenazó con matarme si no lo ayudaba* (19:11-17, NTV).

No sería fácil ser la hija de Saúl. Siempre es difícil ser hijo de un pastor o líder, pero la pobre Mical tenía una vida muy dura. Ella era la hija del rey y la esposa del futuro rey, quien también era el principal rival de su padre. David mantenía a su padre tranquilo con su música, pero siempre estuvo en peligro de muerte. Las mujeres a menudo sufren más en los conflictos familiares, y lo más probable es que Mical no estuviera preparada para este desafío. Por desgracia, ella siguió el camino de su padre, mintiendo, engañando e idolatrando. Engañó a Saúl y luego cubrió sus mentiras sobre su marido.

Eso en sí sería suficiente para herirla y dañar el matrimonio, pero de alguna manera Saúl la sacó de la casa de David y la entregó a otro hombre: *Saúl, por su parte, había entregado su hija Mical, esposa de David, a Paltiel hijo de Lais, oriundo de Galín* (25:44). Después de la muerte de Saúl David exigió que Is-Boset la devuelva: *Además, David envió unos mensajeros a decirle a Isboset hijo de Saúl: «Devuélveme a mi esposa Mical, por la que di a cambio cien prepucios de filisteos.»*

Por tanto, Is-Boset mandó que se la quitaran a Paltiel hijo de Lais, que era su esposo, pero Paltiel se fue tras ella, llorando por todo el camino hasta llegar a Bajurín. Allí Abner le ordenó que regresara, y Paltiel obedeció (2 Samuel 3:14-16).

Mical fue la primera entre las esposas y concubinas de David. Ella debería haber sido la madre del próximo rey, incluso en la línea del mesías. Pero no es de extrañar; todos estos eventos destruyeron su amor por David y la hicieron amarga. Como su padre, ella terminó su vida sola.

Sucedió que, al entrar el arca del Señor a la Ciudad de David, Mical hija de Saúl se asomó a la ventana; y cuando vio que el rey David estaba saltando y bailando delante del Señor, sintió por él un profundo desprecio.

Cuando David volvió para bendecir a su familia, Mical, la hija de Saúl, le salió al encuentro y le reprochó:

—¡Qué distinguido se ha visto hoy el rey de Israel, desnudándose como un cualquiera en presencia de las esclavas de sus oficiales!

David le respondió: —Lo hice en presencia del Señor, quien en vez de escoger a tu padre o a cualquier otro de su familia, me escogió a mí y me hizo gobernante de Israel, que es el pueblo del Señor. De modo que seguiré bailando en presencia del Señor, y me rebajaré más todavía, hasta humillarme completamente. Sin embargo, esas mismas esclavas de quienes hablas me rendirán honores.

Y Mical hija de Saúl murió sin haber tenido hijos (2 Samuel 6:16, 20-23).

Un hombre a menudo deja a su familia atrás en la búsqueda de la grandeza. Padre, no esperes para disfrutar de tu familia. Tú tienes un impacto duradero en tus hijos. Si tienes la bendición de tener un hijo tan notable como Jonatán, no tengas celos de él. Regocíjate en su virilidad y aliméntala. No sabotees los sueños ni los matrimonios de tus hijos, y no los lleves a la tumba contigo.

Capítulo 16

Cuando tu peor temor se haga realidad

1 Samuel 28

Jesús dijo: *Entren por la puerta estrecha. Porque es ancha la puerta y espacioso el camino que conduce a la destrucción, y muchos entran por ella. Pero estrecha es la puerta y angosto el camino que conduce a la vida, y son pocos los que la encuentran* (Mateo 7:13-14). Dios llamó a Saúl por el camino estrecho; sólo allí se encuentra la verdadera autoridad. Sin embargo, como todos nosotros, Saúl luchó con las restricciones del camino estrecho y la atracción del ancho. Varias veces Dios lo llamó a volver a la senda estrecha, pero Saúl tomó muchas decisiones que lo colocaron en el camino de la destrucción. Ahora él está aprendiendo que ese camino no es tan atractivo, pero se le ha engañado para que crea que ya es tarde y no puede volver. El miedo que destruye la fe domina su vida y lo mantiene alejado de Dios. Ahora sus peores temores se están haciendo realidad.

¿En qué camino estás andando? Dios te llama a entrar por la puerta estrecha y caminar por el camino angosto con Él y te dará la gracia para hacerlo. No escuches la mentira de que es demasiado tarde o que no puedes soportar el camino angosto. Dios te manda: ¡No temas! Habrá batallas por delante. No es fácil. Pero es mucho mejor que el camino a la destrucción.

Ya han pasado unos cuarenta años desde que Saúl supo que Dios le quitaría su reinado. Ya sabía quién sería su sucesor y gastó mucha energía persiguiéndolo. Pero Dios no odiaba a Saúl; le amaba. Lo escogió de todos los hombres de Israel para ser el primer rey. No fue contra Saúl; fue por Saúl. Sí, Saúl estaba cosechando lo que sembró. Es cierto que ya no pudo recuperar su reinado, pero Dios no lo condenó al infierno. Siempre tuvo la oportunidad de arrepentirse y volver con todo su corazón a Dios. Ahora tendrá su última oportunidad. Saúl ha llegado al final.

Otra batalla con los filisteos

Toda su vida, Saúl había batallado con los filisteos. Tuvo algunas victorias impresionantes, pero las cosas son diferentes ahora. Su mentor ha muerto y Dios lo ha dejado. Saúl está solo.

Ya Samuel había muerto. Todo Israel había hecho duelo por él, y lo habían enterrado en Ramá, que era su propio pueblo. Saúl, por su parte, había expulsado del país a los adivinos y a los hechiceros.

Los filisteos concentraron sus fuerzas y fueron a Sunén, donde acamparon. Saúl reunió entonces a los israelitas, y armaron su campamento en Guilboa. Pero cuando vio Saúl al ejército filisteo, le entró tal miedo que se descorazonó por completo. (vv. 3-5)

Saúl está cansado de la batalla. Él hace lo que tiene que hacer: reunir a las tropas y establecer el campamento, pero su corazón no está en ello. De hecho, está lleno de temor; un temor intenso, agudo y abrumador. ¿Sabes lo que es estar aterrorizado? ¿De qué tienes miedo ahora? ¿Hay algún enemigo con el que hayas luchado toda tu vida? ¿Sientes como si estuvieras a punto de que te destruyeran? Tú puedes estar cansado de la batalla, pero no te rindas. No te des por vencido y no tengas miedo. Tú puedes luchar contra ese enemigo el resto de tu vida. Recuerda: si quieres ser fuerte, tienes que ser probado. Dios permitió los ataques de los filisteos para demostrar su poder y gloria. Ellos obligaron a Israel a confiar en Él. Cuando buscaban a Dios, siempre les dio la victoria.

¿Qué estás mirando?

El problema de Saúl comenzó con sus ojos. Cuando vio al ejército filisteo, el temor llenó su corazón. Al igual que Pedro, cuando quitó la mirada de Jesús en ese mar tempestuoso y se hundió. Saúl estaba mirando las circunstancias. No pudo ver a Dios. Nuestros ojos a menudo nos meten en problemas. Las cosas no siempre son lo que parecen. ¿Recuerdas a Eliseo y a su criado cuando sus enemigos los rodearon?

> *Por la mañana, cuando el criado del hombre de Dios se levantó para salir, vio que un ejército con caballos y carros de combate rodeaba la ciudad.*
>
> *—¡Ay, mi señor! —exclamó el criado—. ¿Qué vamos a hacer?*
>
> *—No tengas miedo —respondió Eliseo—. Los que están con nosotros son más que ellos.*
>
> *Entonces Eliseo oró: « Señor, ábrele a Guiezi los ojos para que vea.» El Señor así lo hizo, y el criado vio que la colina estaba llena de caballos y de carros de fuego alrededor de Eliseo* (2 Reyes 6:15-17).

Saúl no tenía los ojos de fe. ¿Y tú? ¿Qué estás mirando? Cuando tu corazón se llene de temor, ¡despierta! Probablemente estás mirando lo equivocado. Mantén tus ojos en Jesús.

Cuando Dios es silencioso

Por eso consultó al Señor, pero él no le respondió ni en sueños, ni por el urim ni por los profetas. (v. 6)

Saúl hizo lo correcto, pero no hubo respuesta. Ningún sueño. Ninguna orientación del Urim y Tumim (las piedras sagradas que los sacerdotes del Antiguo Testamento lanzaban como dados para discernir la voluntad de Dios). Saúl había matado a muchos sacerdotes y probablemente había alienado al resto. Samuel estaba muerto. Es posible que no hubiera ningún profeta que le hablara. Saúl solo buscaba a Dios cuando necesitaba algo, y ahora Dios se había apartado de él. Silencio.

¿Te ha pasado a ti? Quieres escuchar a Dios, pero nada funciona. Ayunas, lees la Biblia y llamas a tus consejeros de confianza. Pero nada. Cuando Dios no te responde, hay que preguntarte: ¿por qué? Dios no es sordo. Dios no ha cambiado. Muchas veces, la causa es nuestro pecado, nuestros oídos tan cerrados y tan acostumbrados al ruido del mundo que, en el momento de necesidad, ya no podemos escuchar la voz tierna del Espíritu. Pero a veces, Dios puede estar probándote. ¿Te acuerdas de los discípulos en la tormenta?

> *De repente, se levantó en el lago una tormenta tan fuerte que las olas inundaban la barca. Pero Jesús estaba dormido. Los discípulos fueron a despertarlo.*
>
> *—¡Señor —gritaron—, sálvanos, que nos vamos a ahogar!*

—*Hombres de poca fe —les contestó—, ¿por qué tienen tanto miedo?*

Entonces se levantó y reprendió a los vientos y a las olas, y todo quedó completamente tranquilo (Mateo 8:24-26).

Está claro que Jesús esperaba que los discípulos ya tuvieran suficiente experiencia y fe para reprender a los vientos y las olas, y confiar en Jesús lo suficiente para no tener miedo. Posiblemente ahora, en el silencio, Dios está probando tu fe. O puede ser que Jesús esté dándote la oportunidad que Pedro tuvo en otra ocasión para andar sobre las aguas.

Una y otra vez, Saúl había visto la intervención milagrosa del Señor en las batallas con los filisteos. Ya tenía mucha experiencia como guerrero y sabía qué hacer. Posiblemente, el Señor lo estaba probando para ver cómo respondería al silencio, pero, por desgracia, una vez más, Saúl escoge el mal.

En tu desesperación, puedes considerar cosas que normalmente no harías, como ir al diablo. He visto a gente que llama a espiritistas cuando oran por sanidad y no hay milagro. Saúl sabía que adivinos y médiums no eran la salida correcta; los había expulsado del país. Pero también sabía que podían ponerse en contacto con el mundo espiritual. Ya tenía experiencia personal con demonios. Ahora decide ir al lado oscuro.

Cuando echas algo fuera de tu vida, no vuelvas a ello. No guardes la dirección de un espiritista o de una novia vieja, por si acaso la necesitas. He conocido a hombres que botan su pornografía, pero esconden algunos DVDs o revistas, por si acaso. No busques a Satanás simplemente porque parece que Dios no te responde.

Saúl consulta a una médium

Así que Saúl les dijo a sus consejeros: —Busquen a una mujer que sea médium, para ir y preguntarle qué hacer.

Sus consejeros le respondieron: —Hay una médium en Endor.

Entonces Saúl se disfrazó con ropa común en lugar de ponerse las vestiduras reales y fue a la casa de la mujer por la noche, acompañado de dos de sus hombres. —Tengo que hablar con un hombre que ha muerto —le dijo—. ¿Puedes invocar a su espíritu para mí?

—¿Está tratando de que me maten? —preguntó la mujer—. Usted sabe que Saúl ha expulsado a todos los médiums y a todos los que consultan los espíritus de los muertos. ¿Por qué me tiende una trampa?

Pero Saúl le hizo un juramento en el nombre del Señor y le prometió: —Tan cierto como que el Señor vive, nada malo te pasará por hacerlo. (vv. 7-10, NTV)

Ya sabes que estás mal cuando estás en el territorio del diablo y no quieres que nadie lo sepa. Andas furtivamente por la noche, en algún disfraz. Tienes que esconderte y cubrirte. Por lo general, llevas a otros contigo. Saúl no estuvo solo en su pecado; tomó a dos hombres con él y obligó a la mujer a violar su propia ley. Puedes sentirte presionado a tomar juramentos. Cuando jurás por el Señor para cubrir tu pecado, realmente estás en problemas. Nunca juegues con el diablo, ni siquiera pienses en cualquier contacto con espiritistas, médiums, brujas o algo remotamente satánico. Renuncia a cualquier fascinación que tengas con "el lado oscuro".

¿Una palabra de Samuel?

La mujer entonces dijo: ¿A quién te haré venir? Y él respondió: Hazme venir a Samuel.

Y viendo la mujer a Samuel, clamó en alta voz, y habló aquella mujer a Saúl, diciendo: ¿Por qué me has engañado? pues tú eres Saúl.

Y el rey le dijo: No temas. ¿Qué has visto?

Y la mujer respondió a Saúl: He visto dioses que suben de la tierra.

Él le dijo: ¿Cuál es su forma?

Y ella respondió: Un hombre anciano viene, cubierto de un manto.

Saúl entonces entendió que era Samuel, y humillando el rostro a tierra, hizo gran reverencia. (vv. 11-14, RVR)

Su descripción de Samuel le suena bien a Saúl. Incluso estaba vestido con su túnica, quizás la misma túnica que Saúl había agarrado y arrancado (1 Samuel 15:27-28). ¿Pueden los médiums llamar a los muertos? Las Escrituras no niegan la realidad del mundo espiritual, solo prohíben el contacto con él. ¿Fue realmente Samuel? A través de los siglos, los creyentes no han estado de acuerdo acerca de quién era él. Algunos creen que Dios pudo haber permitido que Samuel apareciera para darle una última advertencia. Eso no significa que fuera correcto buscarlo, ni que debamos esperar que Dios haga lo mismo por nosotros.

Yo creo que fue un demonio. Hay varias razones:

- Aunque los adivinos pueden tener poder, no hay evidencia de que puedan hacer aparecer el espíritu de un hombre.
- Ella dice que vio "dioses" o "un dios" que suben de la tierra. Sabemos que hay un solo Dios, y no es Samuel. Alguien que pretende ser un dios sería un demonio.
- Aun en esta circunstancia extrema, Dios no honraría a una adivina para traer una palabra profética.
- Como vamos a ver, "Samuel" viene con una palabra de muerte. Es Satanás quien vino para robar, matar y destruir. Casi siempre, junto con una palabra de juicio, Dios todavía nos da la oportunidad de arrepentirnos.
- Saúl estaba cayendo en algo claramente condenado por la ley (Deuteronomio 18:10-14, Levítico 20:27).
- Nunca dice que Saúl vio a Samuel. La adivina lo vio y se lo describió a Saúl.

Cuando ella vio a "Samuel", se dio cuenta de que Saúl la había engañado, y gritó, temiendo por su vida. Saúl es un engañado y un engañador, al igual que Satanás, el padre de la mentira. Cuando estás en pecado, atemorizado y lejos de Dios, estás muy abierto al engaño. Ten mucho cuidado.

Samuel le dijo a Saúl: —¿Por qué me molestas, haciéndome subir?

—Estoy muy angustiado —respondió Saúl—. Los filisteos me están atacando, y Dios me ha abandonado. Ya no me responde, ni en sueños ni por medio de profetas. Por eso decidí llamarte, para que me digas lo que debo hacer. (v. 15)

Qué triste. Después de todos esos años como rey, Saúl todavía no tenía la fuerza para actuar por su cuenta. Parece como un niño pequeño, dependiente de otros para sobrevivir: "Necesito que alguien me diga qué hacer." Es cierto que clamó a Dios y Dios no le habló. Pero cuando Dios estaba hablando, Saúl no le hizo caso.

Si tú te encuentras en una situación desesperada y tienes un mentor piadoso, llámalo. Pero no dejes que un mentor tome el lugar de Dios. No corras de persona en persona para recibir una palabra. Desafortunadamente, Samuel estaba muerto, y Saúl nunca desarrolló su propia relación con Dios. Mantén abierta la comunicación con Dios. Él te dará un consejo piadoso, pero también quiere que madures.

Como de costumbre, Saúl estaba atrapado en sus sentimientos:

- "Estoy muy angustiado."
- "Los filisteos me están atacando."
- "Dios me ha abandonado."
- "La vida es dura."
- "Todo se deshace."
- "No sé qué hacer."

Yo me he sentido así. Estoy seguro de que tú también te has sentido así. David lo experimentó, pero vino a Dios con un corazón abierto y arrepentido. Él fue más allá de sus sentimientos hacia una visión nueva de Dios y de sus planes. No te dejes atrapar en la trampa egocéntrica de "ay de mí". Solo te hundirás aún más en la desesperación.

Samuel le replicó: —Pero si el Señor se ha alejado de ti y se ha vuelto tu enemigo, ¿por qué me consultas a mí? El Señor ha cumplido lo que había anunciado por medio de mí: él te ha arrebatado de las manos el reino, y se lo ha dado a tu compañero David. Tú no obedeciste al Señor, pues no llevaste a cabo la furia de su castigo contra los amalecitas; por eso él te condena hoy. El Señor te entregará a ti y a Israel en manos de los filisteos. Mañana tú y tus hijos se unirán a mí, y el campamento israelita caerá en poder de los filisteos. (vv. 16-19)

Saúl le había causado a Samuel muchos dolores de cabeza en la vida; ahora le molesta incluso en la tumba.

Es cierto que Dios arrebató el reino de las manos de Saúl. Mientras estaba vivo, Samuel le dijo a Saúl exactamente lo que sucedería. Es trágico cuando se te advierte de las consecuencias, pero sigues haciendo lo mismo. En verdad, la paga del pecado siempre es la muerte (Romanos 6:23). Esta palabra puede ser una maldición de Satanás sobre Saúl, sus hijos y todo el país. Yo no creo que Saúl vaya al cielo, pero estoy confiado de que Samuel estaba con el Señor. Cuando "Samuel" dice que se unirán a él, es posible que al día siguiente Saúl se haya unido a ese demonio en el infierno.

La peor pesadilla de Saúl se está haciendo realidad y le parece que no hay nada que él pueda hacer al respecto. Es demasiado tarde. Para la noche siguiente, él y sus hijos estarán muertos e Israel será derrotado. Saúl nunca clamó al Señor en ese momento con arrepentimiento genuino. No sabremos hasta que lleguemos al cielo si él pudo haber salvado su vida y las de sus hijos con una última victoria.

La última cena de Saúl

Entonces Saúl cayó al suelo cuan largo era, paralizado por el miedo a causa de las palabras de Samuel. También estaba desfallecido de hambre, porque no había comido nada en todo el día ni en toda la noche.

Cuando la mujer lo vio tan deshecho, le dijo: —Señor, obedecí sus órdenes a riesgo de mi vida. Ahora haga lo que digo, y déjeme que le dé algo de comer para que pueda recuperar sus fuerzas para el viaje de regreso.

Pero Saúl se negó a comer. Entonces sus consejeros también le insistieron que comiera. Así que finalmente cedió, se levantó del suelo y tomó asiento.

La mujer había estado engordando un becerro, así que fue con rapidez y lo mató. Tomó un poco de harina, la amasó y horneó pan sin levadura. Entonces les llevó la comida a Saúl y a sus consejeros, y comieron. Después salieron en la oscuridad de la noche. (vv. 20-25)

¿Cómo respondes a las malas noticias? Revela qué clase de hombre eres. Probablemente has visto películas de hombres enfrentándose a la muerte con gran valentía y dignidad. Saúl no fue uno de ellos. No podemos culpar a Saúl por estar angustiado y negarse a comer. Sin fuerzas y lleno de miedo, se desplomó. A veces, alguien cae bajo el poder del Espíritu Santo, pero este no es el Espíritu de Dios. Es el impacto de las palabras del enemigo y el temor, combinado con su hambre.

Él era un caso desahuciado. Afortunadamente, la médium lo cuidó; fue su "última cena". Si vamos a tener una última cena, como la cena de Jesús con sus discípulos, debe ser bendecida por el Señor y compartida con hermanos cariñosos.

Satanás puede llamar a tu puerta. Ese viejo enemigo que te ha perseguido toda tu vida puede aparecer de nuevo. Los filisteos están de vuelta. El terror y la desesperación llenan tu corazón. Te parece que no hay salida. Dios es silencioso. Todos tus amigos te abandonan y estás solo. Saúl llegó al final del camino ancho. Al día siguiente se quitará la vida. El diablo quiere destruirte y no se detendrá en nada. No dejes que tu vida llegue a este punto.

Capítulo 17

El final

1 Samuel 31

Este es un capítulo duro. Quieres terminar un libro con algo poderoso: un final feliz. Pero ya sabemos que no habrá un final feliz. Durante mucho tiempo hemos visto a Saúl en su declive deprimente. Saúl fue hecho para reinar. Dios lo escogió y le dio todo, y Saúl lo desperdició. Nunca aprendió a usar su autoridad. Debido a su desobediencia repetida, Dios lo rechazó, retiró su Espíritu Santo y envió malos espíritus que lo oprimían. Ahora Saúl ha llegado al final del camino. No es de extrañar; termina su vida de la manera más cobarde posible.

Los filisteos fueron a la guerra contra Israel, y los israelitas huyeron ante ellos. Muchos cayeron muertos en el monte Guilboa. (v. 1)

Cuando estés en una batalla perdida, no sigas luchando. Sabes cuándo rendirte y buscar ayuda, algo que Saúl debería haber hecho hace mucho tiempo. Si él hubiera pedido la ayuda de David, podría haber evitado la derrota de Israel, su propia muerte y la muerte de sus hijos.

Y siguiendo los filisteos a Saúl y a sus hijos, mataron a Jonatán, a Abinadab y a Malquisúa, hijos de Saúl. Y arreció la batalla contra Saúl, y le alcanzaron los flecheros, y tuvo gran temor de ellos. (vv. 2-3, RVR)

¿Puedes sentir la desesperación? No hay marcha atrás. Saúl está mirando la muerte a la cara, cosechando lo que ha sembrado.

Puede salir valientemente, arrojándose sobre la misericordia de Dios en arrepentimiento para salvar su alma, pero Saúl nunca ha sido alguien que se humillara.

Entonces dijo Saúl a su escudero: Saca tu espada, y traspásame con ella, para que no vengan estos incircuncisos y me traspasen, y me escarnezcan. Mas su escudero no quería, porque tenía gran temor. Entonces tomó Saúl su propia espada y se echó sobre ella. Y viendo su escudero a Saúl muerto, él también se echó sobre su espada, y murió con él. Así murió Saúl en aquel día, juntamente con sus tres hijos, y su escudero, y todos sus varones. (vv. 4-6, RVR)

Ninguna opción era buena. Saúl no pudo soportar la idea de ser asesinado por los filisteos, por lo que eligió el suicidio: el último acto de desesperación y el final cobarde para una vida desperdiciada. Ciertamente, Saúl no es el único. Muchos hombres me han dicho que se matarían a sí mismos antes de ser capturados y confrontados con más tiempo en la cárcel, o para salvar a sus familias de más dolor si vuelven a caer en las drogas o el pecado sexual. De forma torcida, tiene lógica. No pienses que hay algo malo contigo si has pensado en el suicidio. El diablo usará todas las tentaciones posibles en su intento de destruirte.

Cuando los israelitas que se encontraban al otro lado del valle de Jezreel y más allá del Jordán vieron que el ejército israelita había huido y que Saúl y sus hijos estaban muertos, abandonaron sus ciudades y huyeron. Entonces los filisteos entraron y ocuparon sus ciudades.

Al día siguiente, cuando los filisteos salieron a despojar a los muertos, encontraron los cuerpos de Saúl y de sus tres hijos en el monte Gilboa. Entonces le cortaron la cabeza a Saúl y le quitaron su armadura. Luego proclamaron las buenas noticias de la muerte de Saúl en su templo pagano y a la gente en toda la tierra de Filistea. Pusieron su armadura en el templo de Astoret, y colgaron su cuerpo en la muralla de la ciudad de Bet-sán.

Pero cuando el pueblo de Jabes de Galaad se enteró de lo que los filisteos le habían hecho a Saúl, todos los valientes guerreros viajaron toda la noche hasta Bet-sán y bajaron los cuerpos de Saúl y de sus hijos de la muralla. Llevaron los cuerpos a Jabes, donde los incineraron. Luego tomaron los huesos y los enterraron debajo del árbol de tamarisco en Jabes y ayunaron por siete días. (vv. 7-13, NTV)

Primera de Crónicas dice que Saúl murió por su rebelión. Era infiel a Dios y no obedeció su palabra. Consultó a una adivina y no a Dios. *"Por esta causa [Dios] lo mató"* (1 Crónicas 10:13-14). La vida de Saúl refleja esa mezcla misteriosa de la obra soberana de Dios y la responsabilidad del hombre. Dios lo escogió, lo llamó y lo equipó con todo lo necesario para reinar. Saúl perdió su vida y su reino debido a sus malas decisiones. Saúl se quitó la vida, pero Crónicas dice que Dios lo mató.

Saúl terminó su propia historia, pero, lamentablemente para él, no es el final de la historia. Nadie tiene el poder de poner fin a su historia. Esta vida es solo un ensayo general y formación para la eternidad. Dios deseaba que Saúl participara en ese reino eterno. En cambio, pasará la eternidad atormentado y separado de Dios. Había experimentado el éxtasis de adoración al Dios vivo y el tormento de los espíritus malignos y eligió la segunda opción.

Dios te hizo para reinar

La historia de Dios apenas comenzaba. Su trabajo no se detendrá a causa de la desobediencia de un hombre. Claro, habrá muchas batallas en el camino. Adán, Elí y Saúl decepcionaron a Dios.

Habrá muchos que no alcancen su potencial para ejercer la autoridad de Dios en su reino. Incluso David, el hombre conforme al corazón de Dios, tuvo algunas fallas graves. La historia de la iglesia está llena de pecado y de hombres que abusan de la autoridad que Dios les dio. Satanás es implacable en su determinación de destruir el reino de Dios y de asumir el trono. Pero sabemos que algo increíble sucedió en el Calvario cuando el Hijo de Dios pagó el precio por nuestro pecado, se humilló a sí mismo hasta el punto de la muerte en una cruz y, definitivamente, derrotó el poder del maligno. Su gloriosa resurrección y ascensión a la diestra de su Padre para reinar eternamente son solo el comienzo de un reino de justicia y paz. Puede ser muy costoso y tomar mucho tiempo, pero Dios tendrá a toda la gente necesaria para compartir ese reinado y llevar a cabo el establecimiento de su reino. Él quiere que tú participes en ello. Toma tu lugar legítimo y aprende a ejercer autoridad real ahora. Pueden ser cosas en la vida de Saúl que te recuerden a ti mismo. Es de esperar que tú no hayas tomado las mismas malas decisiones, pero si las has tomado, no es demasiado tarde para volver al Señor y hacer las cosas bien. Dios quiere usar todo lo que te ha ocurrido hasta ahora para prepararte para reinar con Él eternamente. A pesar de que el pecado te haya dañado, todavía llevas la imagen verdadera de Dios. Usa esa autoridad para el bien de su reino. No es un camino fácil, pero tú no estás solo. Levántate y toma tu lugar como hijo adoptivo de Dios. ¡Dios te hizo para reinar!